Leadership & Personality

리더십과 인성

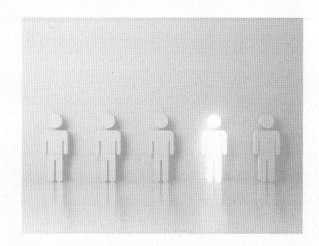

Preface

앞으로 우리가 살고 있는 사회는 어떤 모습으로 변화할지 예측하기 어렵다. 그러나 미래 사회는 더욱 빠르게 변화하고, 더욱 지능화되고, 더욱 융합화 될 것은 자명하다. 이같이 사회가 빠르게 변화함에 따라 기업의 경영환경도 급격하게 변화할 것이다. 이런 상황에서 기업이 경쟁력 제고를 통한 지속성장을 위해서는 과연 어떤 리더십이 필요할까?

기업은 ceo의 리더십에 따라 성패가 좌우된다. 물론 기업의 규모나 환경에 따라 다르긴 하겠지만 그만큼 리더십은 조직성과에 절대적인 영향을 미친다는 것은 부인할 수 없는 사실이다. 리더십에 대한 관심이 더욱 커질 수밖에 없는 이유이다.

리더십이란 무엇인가? 리더십은 많은 학자들에 의해 연구되고 있으며 변증법적 접근을 통해 발전을 거듭하고 있다. 미래에는 조직성과만을 중시하는 리더 보다는 조직을 올바른 방향으로 이끌어갈 핵심역량을 갖춘 리더가 영향력을 발휘할 수 있고 조직구성원들로부터 존경받을 수 있다. 또한 아무리 환경이 변화해도 조직을 성공적으로 경영하거나 자신의 행복한 삶을 살기 위해서는 세상의 이치, 즉 본질은 변하지 않는다는 것을 결코 잊어서는 안 된다.

저자는 지금까지 살아온 삶을 뒤돌아보면 자기경영, 가족경영, 기업경영 모두 다 어렵긴 마찬가지다. 이왕 태어난 인생 멋지게 살려면 자신의 타고난 탈랜트를 찾아 즉, 생긴 모습 그대로 살아야 행복 하듯이, 가족경영도 기업경영도 자신의 신념이나 추구하는 가치에 따라 올바른 선택을 할 때 긍정적인 결과를 가져오지 않을까? 세상의 이치를 이해하듯, 경영의 원리를 이해하고 방법을 찾아 노력한다면 자신이 원하는 것을 이룰 수 있다고 확신한다.

영국 웨스트 민스터 사원의 묘비명에 적혀있는 글귀가 생각난다. 세상을 변화시키거나 다른 사람을 변화시키려고 시간을 허비하지 말고 가장 먼저 내 자신부터 변화시켜야 되지 않을까? 리더십이란 바로 그런 것이라 생각한다.

저자는 20년 동안 기업에서 경영전략가이자 전문경영인으로서의 경험과 15년 동안 대학교에서 교수로서 늘 학생들과 함께하면서 경영학, 교양 등을 가르치고 고민을 상담해준 경험 그리고 인간의 심리·행동을 연구한 학자로서의 경험을 바탕으로 이 책을 저술하였다.

이 책은 다음과 같이 구성되어 있다. 제 1장에서는 리더와 리더십의 개념, 제 2장에서는 리더십의 발전 이론, 제 3장에서는 전통적 리더십 유형, 제 4장에서는 현대적 리더십 유형, 제 5장에서는 미래적 리더십 유형, 제 6장에서는 리더십의 영향 요인, 제 7장에서는 나의 삶, 제 8장에서는 자아 개념, 제 9장에서는 개인차, 제 10장에서는 자기계발, 제 11장에서는 인성함양, 제 12장, 제 13장에서는 리더십 인물탐구...이런 내용으로 구성되어있다.

다시 한 번 말씀드리면 자기 자신의 삶도 기업경영도 결국은 자신의 몫이다. 자신을 늘 성찰하고 목표를 세우고 철저한 준비와 노력하는 길만이 성공의 열쇠라는 것을 결코 잊지 말아야 한다. 가을에 튼실한 성공을 수확하듯이 이 책이 각자의 꿈을 꿈꾸며 매진하는 모든 이들에게 실질적인 도움이 되기를 간절히 바란다.

끝으로 기획에서부터 출판에 이르기까지 지속적으로 많은 도움을 주신 한올출판사 임순재 사장님과 최혜숙 실장님 그리고 이창희 부장님을 비롯한 직원 여러분께 진심으로 깊은 감사를 드린다.

2019. 7. 20

남산타워를 바라다보며 한림관 연구실에서 박일순

Contents

Preface

Part 02.
인성

Part 03.
리더십 인물탐구

Part 01.
리더십

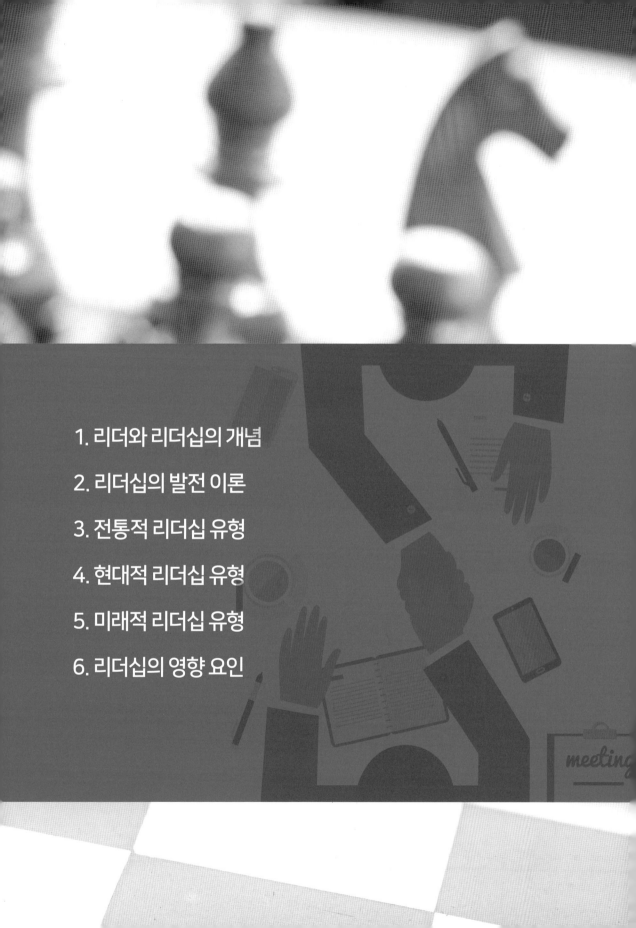

01

리더와 리더십의 개념

1. 리더와 리더십의 정의

최근 경영학분야에서는 리더십에 대한 관심과 연구가 활발하게 이루어지고 있으며, 리더십의 이론과 주제를 다룬 서적들도 다양하게 출판되고 있다. 과연 리더십이란 무엇일까?

리더(Leader)란 조직이나 단체 따위에서 전체를 이끌어 가는 위치에 있는 지도자를 의미한다. 즉, 리더란 어떤 조직에서 목표를 달성하기 위해서 조직구성원에게 영향력을 행사하고, 선택된 결정에 대해서 책임을 지는 사람을 말한다.

한편, 리더십(leadership)은 조직의 구성원들을 올바른 방향으로 이끌어 가는 지도자로서의 능력을 말한다. 즉, 리더십은 조직구성원들이 목표 지향적인 행동을 하도록 리더가 구성원에게 영향을 미치고, 동기를 부여하고, 지지와 도움을 주는 영향 과정을 말한다.

리더십에 대한 학자들의 견해를 종합해 보면, 결국 리더십이란 모든 조직 활동에 동기를 부여하고 촉진하여, 다양한 조직구성원들이 일정한 목표로 향하도록 일체감을 조성하는 기능이라고 정의할 수 있다.

- 스톡딜(Stogdill) : "조직의 목표 달성을 위하여 여러 활동에 영향을 주는 과정 또는 영향력이다."라고 주장하였다.

- 테리(George R. Terry) : "모든 사람들이 목표를 위하여 자발적으로 노력하도록 영향을 미치는 활동"이다라고 주장하였다.

- 제임스쿠제스·베리포스너(James Kouzes & Barry Posner) : "조직이 처한 상황에 따라 조직구성원 스스로가 목표를 달성하도록 만드는 기법이다."라고 주장하였다.

- 허쉬·브랜차드(P. Hersey & K. H. Blanchard) : "일정한 상황 하에서 목표를 달성하도록 개인이나 집단의 활동에 영향을 미치는 과정이다."라고 주장하였다.

- 제임스 맥그레고 번즈(James MacGregor Buns) : "변화를 가져 오는 리더십은 리더와 조직구성원 모두의 비전과 가치관, 포부를 새로운 가치로 향상시키는 관계이다."라고 주장하였다.

- 앨런 케이스(Alan Keith) : "리더십은 궁극적으로 대단한 일을 일으키는 데에 사람들이 공헌할 수 있게 하는 방법을 만들어내는 것과 관련이 있다."라고 주장하였다.

- 앤 마리(Ann Marie E. McSwain) : "리더십은 능력에 관한 것이다. 여기서 리더의 능력이란 듣고 관찰하는 능력을 말하는데 모든 의사결정에서 투명성과 절차를 확립하며 그들만의 가치와 비전을 분명하게 말하면서도 강요하지 않아야 한다."라고 주장하였다.

한편, 기업의 경영관리는 일반적으로 계획(Planning), 조직(Organizing), 지휘(Directing), 통제(Controlling)과정으로 이루어진다. 그 중에서 지휘기능을 리더십과 동일시하고 있다. 기업 현장에서의 리더십은 상하계층을 막론하고 모든 관리자의 직무에 포함되는 보편적인 관리기능으로 인식되고 있다.

*1 과업지향형 리더는 생산에 대한 관심은 높고 인간에 대한 관심은 낮은 리더의 유형을 말한다. 즉, 인간관계적인 요소를 최대한으로 줄이고 업무능률의 향상만을 위해 조직을 관리하는 리더의 유형을 말한다.

따라서 리더는 리더십을 통해 조직구성원의 행위를 바람직한 방향으로 유도하고 이를 과업지향적*1으로 통합하는 기능을 수행한다. 이는 조직의 목표달성과 안정적인 조직운영에 큰 영향을 주며, 또한 조직구성원들을 변화하는 기업 환경에 신속히 적응하게 함으로써 조직을 내부적으로 통합하는 완충 역할을 한다.

2. 리더의 자질과 역할

리더의 자질이란 리더가 기본적으로 갖추어야 할 소양을 의미한다. 리더는 이러한 자질을 바탕으로 기업의 대·내외적 환경변화에 능동적으로 대응하면서 조직을 발전적인 방향으로 이끌어 가야 한다. 리더로서 조직을 이끌어 가는 데 필요한 자질을 구체적으로 살펴보면 다음과 같다.

1) 목표의식(비전)

리더는 기업의 경영이념, 추구하는 가치를 고려하여 조직이 앞으로 어떻게 나아가야 하는지에 대한 이상적인 비전과 목표를 수립하고 이를 조직구성원들에게 전파하여 목표달성을 위해 몰입할 수 있도록 해야 한다.

어쨌든 조직이라면 반드시 공동의 목표가 있기 마련이다. 목표가 없는 조직은 조직이라고 볼 수 없다. 조직은 공동의 목표를 달성하기 위해 모인 집단이기 때문이다.

조직의 목표는 그 조직의 강력한 리더 한 사람에 의하여 결정될 수도 있고, 여러 조직구성원들의 참여와 합의에 의하여 결정될 수도 있다. 그러나 민주사회에서의 목표는 보다 많은 조직구성원과 여러 집단의 참여를 통하여 이루어지는 것이 바람직하다.

조직의 목표는 여러 가지 기능을 하는데, 중요한 기능을 살펴보면 다음과 같다. 첫째, 조직의 목표는 조직이 나아갈 방향을 제시하는 기능을 한다. 둘째, 목표는 그 조직의 주변환경으로부터 정당성을 인정받을 수 있는 근거로서의 기능을 한다. 즉, 목표는 조직이 하는 약속이라 할 수 있으므로 사회를 구성하는 여러 요소들은 이 약속을 믿고 조직에게 정당성을 부여하는 것이다. 셋째, 목표는 조직 구성원들에게 일체감을 갖도록 할 뿐만 아니라 동기부여의 기능도 수행한다. 넷째, 목표는 효과성[2]을 평가하는 척도로서의 기능을 한다.

[2] 효과성의 개념 속에는 능률성의 개념과는 달리 비용 내지 투입의 관념이 들어가 있지 않다. 다시 말하면, 효과성의 개념에서는 비용이 얼마가 드느냐 하는 투입의 문제에 관심을 갖는 것이 아니라, 정해진 목표를 얼마나 달성했느냐 하는 데에만 관심을 갖는다.

한편, 조직의 목표는 지도자의 태도 변화, 권력구조의 변화, 조직구성원들의 성향 변화 등 조직의 내부환경이나 외부환경 요인에 의해서 변화하는 경우가 많다. 그 변화의 유형으로는 목표의 승계, 목표의 확대 또는 축소, 목표의 대치 등을 들 수 있다.

2) 추진력

추진력은 기업의 목표를 향하여 밀고 나아가는 힘을 말한다. 리더는 목표가 정해지면 주저함 없이 적극적으로 밀고 나가는 과감한 추진력이 있어야 한다. 엄밀히 말하면 행동을 뜻하는 실행과 추진력은 약간 다르다. 실행은 이미 생각한 일을 행동으로 옮기는 것이지만 추진력은 앞으로 하고자하는 일에 대해 도전하고, 나아가 어떻게 추진할 것인가에 대한 실마리를 찾고 방법을 강구하는 것을 포함하는 개념이다.

3) 대응력

*3 거시환경 : 기업경영에 직·간접적인 영향을 미치는 정치, 경제, 사회문화, 법률, 기술 등 / 미시환경 : 기업경영에 직접적인 영향을 미치는 소비자, 종업원, 협력업체, 경쟁사, 주주 등.

대응력은 어떤 일이나 사태에 맞춰 적절한 태도나 행동을 취하는 능력을 말한다. 리더는 기업을 둘러싸고 있는 거시·미시적인 환경*3변화를 신속히 파악 또는 예측하여 적절히 대응하는 능력이 있어야 한다.

또한 기업의 대응력 그 자체는 선제적 정도에 따라 시장에서 경쟁이 치열해지기 전에 경쟁사의 의지를 억제하는 효과도 기대할 수 있기 때문에 억지력으로 간주되는 경우도 있다.

4) 문제해결능력

문제해결능력은 자신이 겪게 되는 여러 가지 문제나 예기치 못한 변수들이 생기더라도 유연한 사고로 자신이 알고 있는 지식을 활용하여 상황을 이해하고 대처하는 능력을 말한다. 즉, 기업에서 문제 상황이 발생했을 경우 창조적이고 논리적인 사고를 통해 이를 적절하게 해결하는 능력을 말한다. 리더는 발생된 문제를 신속히 해결하거나 항상 새로운 것을 추구하고 변화를 주도해나가는 능력이 있어야 한다.

5) 판단력

일반적으로 판단력은 사물을 올바르게 인식·평가하는 사고의 능력을 말한다. 따라서 리더는 풍부한 경험과 전문지식을 바탕으로 한 기본적인 판단능력이 있어야 한다. 이는 기업에서 어떤 사안을 결정하거나 문제를 해결할 때 중요하게 작용한다.

6) 성실성

리더에게 가장 중요한 자질 중의 하나이다. 이것은 다른 사람과 공유하는 목표에 대한 정직성이고, 자신에게 맡겨진 직무에 대한 성실한 자세와 책임감을 의미한다.

7) 소통능력

리더십은 의사소통을 통해 이루어지기 때문에 소통능력은 리더의 중요한 자질 중의 하나이다. 조직구성원에게 무조건적 복종을 요구하기보다는 구성원들의 말에 귀 기울이고 떨어진 사기를 북돋아주고 독려하는 소통능력이 있어야 한다. 또한 시대가 변하면서 다양한 종류와 계층의 사람들이 생겨나고 있다. 이러한 환경에 잘 적응하려면 누구와도 소통할 수 있는 능력이 필수적이다.

8) 청렴

리더는 깨끗하고 투명해야 한다. 타의 모범이 되고 조직구성원들에게 인정받을 수 있는 리더가 되어야 한다. 힘으로 절대복종을 요구하는 군주제는 옛 방식이다. 리더가 떳떳해야 조직구성원들이 잘 따른다. 예를 들면, 총리나 장관 내정자들이 반드시 청문회를 거쳐야 하고 많은 후보자들이 탈락하는 이유가 바로 청렴을 중요시하는 풍조 때문이다. 역설적으로 정치나 기업비리 등에 연루되는 사람들이 많기 때문에 청렴함을 갖춘 리더는 더욱 존경받을 수 있다. 미래사회의 중요한 가치 중의 하나이다.

글로벌 리더

청소년 시절에 리처드 바크(Richard Bach)가 지은 『갈매기의 꿈 Jonathan Livingston Seagull』이란 책을 읽었다. 책을 펼치자마자 하늘 높이 나는 갈매기의 흑백사진에 흠뻑 빠져들었다. 마치 내가 갈매기가 되어 하늘을 나는 환상에 젖어들기도 하였다. "대부분의 갈매기들은 비상의 가장 단순한 사실, 곧 먹이를 찾아 해변으로부터 떠났다가 다시 돌아오는 방법 이상의 것을 배우는 것에는 신경 쓰지 않았다. 그들이 중요하게 생각하는 것은 나는 것이 아니라 먹는 것 이었다". 이 말은 감수성이 예민했던 시절에 삶을 어떻게 살아가야 할 것인지 크게 깨우쳐 주었다. 낮게 나는 새는 좁은 세상밖에 보지 못한다. 높게 나는 새만이 넓은 세상을 바라볼 수 있다. 글로벌 리더는 갈매기 "조나단 리빙스턴"처럼 먹는 것보다 나는 것을 더 소중하게 여기며, 낮게 날기보다는 높게 날아 먼 곳을 내다볼 줄 아는 사람이다.

세계 무대를 꿈꾸는 젊은이들이 알아야 할 아홉 가지 원칙'이라는 책에서는 세상 넓게 보기, 구체적인 꿈, 건강한 자아 등을 글로벌 리더의 덕목으로 삼았다.

출처: 갈매기의 꿈, 살림출판사

리더의 인성적 자질

- 감정이입(Empathy)
- 화합성(harmony)
- 상황적 통찰력(insight)

- 사려성(consideration)
- 활발성(activity)
- 정서적 안정성(emotional stability)

리더는 조직구성원을 올바른 방향으로 이끌고 통합하여 조직의 목표를 달성하여야 한다. 리더의 역할에 따라 기업의 성패가 좌우된다. 리더의 역할을 살펴보면 다음과 같다.

리더의 역할	
• 개인과 조직의 목표를 조화시키는 역할	• 외부에 대한 대변인으로서의 역할
• 조정자 혹은 통합자로서의 역할	• 의사결정권자로서의 역할
• 촉매자 혹은 쇄신자로서의 역할	• 위기관리자로서의 역할
• 동기부여자로서의 역할	• 정보수집자로서의 역할

3. 리더(십)의 특성

리더(십)의 특성은 대인관계, 자발적 팔로우, 리더와 관리자, 영향력, 리더십과 헤드십 등과 같이 정리할 수 있다.

1) 대인관계

대인관계는 인간과 인간 사이의 관계 또는 집단생활 속에서 구성원 상호간의 심리적 관계를 말한다. 개인 혼자서는 리더십을 발휘할 수 없으며, 그렇다고 사람들과 함께 조직 속에서 잘 어울린다고해서 훌륭한 리더가 되는 것도 아니다. 리더가 된다는 것은 우선 조직을 이끄는 능력은 물론 조직구성원으로부터 존경 받을만한 자질과 덕목을 갖추고 있어야 한다. 또한 신념, 추진력, 결단력 등이 있을 때 가능하다. 따라서 리더십은 리더가 대인관계와 동기부여를 통해 조직구성원에게 영향력을 미치게 될 때 리더십이 발휘된 것이라고 할 수 있다.

2) 자발적 팔로우(voluntary follower)

팔로워십은 리더십과 상대적 개념이다. 리더십은 리더가 조직구성원에게 영향력을 행사하는 능력으로 정의한다. 반면, 팔로워십은 조직구성원으로서 리더가 발휘하는 바람직한 특성과 행동을 수용하는 주체이다. 팔로워(Follower)는 단순히 리더를 무조건적으로 따르는 추종자로서의 개념이 아니며, 성공하는 조직에서는 리더와 팔로워를 협력관계에 있는 파트너이자 동반자로 인식한다. 조직의 성공을 위해서는 리더십(leadership)과 팔로워십(followership)이 적절히 조화를 이루어야 한다.

리더가 조직구성원을 움직이는 데는 여러 가지 방법이 있다. 강압에 의해 강제적으로 움직이거나, 상하 간에 계약관계에 의해서 움직이거나, 법규나 규정을 통해 의도하는 행동을 끌어낼 수 있다. 그러나 진정한 리더십은 강제성에 기반을 둔 것이 아닌 자발적인 추종을 전제로 한다. 리더가 추종자를 설득하거나 자신의 행위를 이해시켜서 자신을 따르게 함으로써 추종자들의 자발적 행동과정을 이끌어 내는 것이 무엇보다 중요하다.

3) 리더십과 헤드십(leadership & headship)

리더십은 타인을 스스로 따르게 만드는 권위이고 헤드십은 강제로 따르게 만드는 권위임으로 구별되어야 한다. 즉, 리더십과 헤드십은 다 같이 권위를 근거로 하나, 리더십은 개인의 권위를 근거로 하는데 비해 헤드십은 공식적인 계층제적 직위의 권위를 근거로 하여 조직구성원을 조정하며 통제하기 때문에 차이가 있다. 또한 헤드십은 일방적인 강제성을 그 본질로 하는 데 비해 리더십은 상호성·자발성을 그 본질로 한다.

4) 리더와 관리자

관리자와 리더는 구분된다. 베니스와 나누스(Bennis & Nanus, 1994)는 리더는 옳은 일을 하려는 사람이고, 관리자는 일을 옳게 효율적인 방법으로 하려는 사람이라고 정의하였다. 즉,

리더는 앞장서서 조직구성원을 이끌고 잘못을 고쳐주지만 관리자는 조직구성원을 부리려 하고 잘못을 꾸짖기만 한다. 또한 리더는 임무를 새롭게 혁신하고 관리자는 안정적인 임무수행을 목적으로 한다.

5) 리더십과 관리

리더십과 관리는 여러 면에서 비슷하다. 리더십이 영향력을 포함하고 있는 것처럼 관리도 영향력이 행사된다. 리더십과 관리 모두 효과적인 목표달성을 지향한다. 그러나 리더십과 관리는 엄연히 다르다. 예를 들면, 리더십은 기업의 장기적인 비전의 설정이나 필요한 조직변화를 위한 전략수립 등을 강조한다. 반면, 관리는 기업의 목표 달성을 위해 필요한 자원의 배분에 중점을 두고 예산도 상세한 편성을 강조한다.

또한 리더십은 조직화 과정에서도 기업의 비전에 관해 조직구성원과 소통하고, 구성원의 헌신을 유도하여 목표달성을 강조한다. 반면, 관리는 개인들의 작업에 대한 물리적 환경이나 조직구성원 간의 관계에 중점을 두어 적재적소의 원칙을 강조하고 작업수행을 위한 규칙이나 절차를 개발한다.

코터(Kotter,1990)는 기업의 발전을 위해서는 리더십과 관리 모두 필수적이라고 주장한다. 예를 들면, 만약 기업에 관리는 없고 강한 리더십만 있다면 변화 그 자체를 위한 변화로 나타날 수 있다. 반면, 강한 관리만 있다면 조직구성원은 항상 매뉴얼에 따라 업무처리를 하다보면 관료화되기 쉽다. 따라서 조직은 리더십과 관리가 동시에 강화되고 조화를 이룰 때 효과적이다.

6) 리더십과 권력

리더십과 권력[*4]은 영향력을 행사하는 과정의 일부이기 때문에 상호 밀접한 관련이 있다. 유능한 리더는 조직구성원에

*4 개인 또는 집단이 다른 개인 또는 집단을 자기의 의사에 따라 행동하게 하는 힘이라 할 수 있다. 이러한 힘이 정치적 기능을 하기 위하여 형성된 경우를 정치권력이라 하고, 법학부문에서는 공권력(公權力) 또는 국가권력이라 부른다.

게 영향력을 행사하여 스스로 자신의 목표를 찾아 수행하도록 한다. 따라서 유능한 리더가 되기 위해서는 모든 기업에서 일어나는 권력관계의 복잡한 네트워크와 영향력 과정을 이해할 필요가 있다. 반면, 권력(Power)은 리더가 부하들의 신념, 태도 및 행동방식에 영향을 미칠 수 있는 힘을 가지고 있을 때 권력을 가지고 있다고 말할 수 있다.

7) 영향력 행사

영향력은 어떤 수단을 사용하여 상대의 행동을 변화시키려고 하거나 그대로 유지시키려는 경우 그것이 어느 정도 성공할 것인지를 나타내는 힘의 양(amount)이라고 할 수 있다. 예를 들면, 어떤 수단을 강구해도 상대의 행동이 변하지 않는 경우에는 영향력(힘)이 없다고 할 수 있다. 반면, 그 수단을 강구하여 비로소 상대의 행동이 크게 변한 경우에는 영향력(힘)이 크다고 할 수 있다.

따라서 리더가 영향력 행사에 따른 결과는 영향력을 받는 사람, 영향력을 행사하는 목적, 그리고 영향력을 행사하는 기간 등에 따라 다르게 나타난다. 리더가 영향력을 행사한 것이 효과적이었는지를 평가하는 유용한 판단근거는 결과가 영향력을 행사한 리더의 의도대로 나타났느냐 하는 것이다. 리더는 영향력의 행사로 원하는 바를 얻을 수도 있지만 그 효과가 의도했던 것보다 적을 수도 있기 때문이다.

 싱가포리언들의 겸손한 리더의 9가지 특성

이탈리아, 상기포르, 미국의 대학교수 5명으로 이루어진 연구진은 싱가포르를 중심으로 "리더의 겸손"에 대한 연구를 실시하였다. 그 결과를 2015년 리더십 학술지에 "Leader humility in Singapore"라는 제목으로 발표했다.

1. 명확한 자아인식(Having an accurate view of self)
2. 구성원들의 강점과 성취에 대한 인정(Recognising followers' strengths and achievements)

3. 자기성장을 위한 학습(Modelling teachability)

4. 솔선수범(Leading by example)

5. 겸양의 실천(Showing modesty)

6. 협업자세(Working together for the collective good)

7. 공감능력(Expressing empathy and being approachable)

8. 상호존중과 공명정대(Showing mutual respect and fairness)

9. 멘토링과 코칭(Mentoring and coaching)

출처: 겸손한 리더의 9가지 행동 특성

4. 성공적인 리더상

기업경영에서 성공한 리더들은 어떤 공통적인 특성을 지니고 있을까? 네프와 시트린(Neff & Citrin, 2001)은 글로벌 기업의 리더 50명을 대상으로 행동특성을 조사한 결과, 성공하는 리더들은 다음과 같은 특성이 있다고 제시했다. 성공하는 리더는 비전(vision), 전문성, 진실성, 상호협력, 창조성, 윤리성을 두루 갖춰야 한다는 것이다.

1) 꿈과 비전

성공하는 리더들은 미래에 대한 꿈과 비전 그리고 뚜렷한 가치관과 신념을 갖고 있고 이를 바탕으로 목표를 설정하고 조직구성원을 설득할 수 있는 힘이 있어야 한다.

꿈과 비전은 비슷하지만 다르다. 꿈은 희망, 소망, 바램 등을 의미하며 실현여부가 불투명하다. 꿈은 그것이 이루어지기를 기다리는 정적인 개념이지만 비전은 자신이 비전을 정하고 그것을 이루기 위해 기다리는 것이 아니라 적극적인 의지와 노력을 통해 목표를 이루려는 동적인 개념이다. 따라서 비전은 리더가 기업의 사업방향과 목표를 스스로 찾아서 설정하고 이를 실행할 구체적인 방법을 강구하기 때문에 실현가능성이 높다고 볼 수 있다.

2) 열정

열정이란 어떤 일에 열렬한 애정을 가지고 열중하는 마음을 말한다. 리더들이 가지고 있는 가장 중요한 특성 중 하나는 자신의 인생과 일에 대한 관심과 열정을 가지고 있다는 것이다. 성공하는 리더들은 자신이 하는 일을 사랑하고 그것에 혼신의 힘을 다한다. 자신이 하는 일에 열성과 정성을 다하면 자신의 목표를 성취함은 물론 행복감을 느낄 것이다. "간절하면 이루어진다"라는 말이 있다.

애플(Apple)의 스티브잡스 회장은 스탠포드대학 졸업식에서 "항상 갈망하라, 그리고 우직하게 행동하라"라는 명연설을 남겼다. 사실 잡스는 대학을 졸업하지 못했다.

3) 지적능력

리처드 호프스태터(Richard Hofstadter) 컬럼비아대학교 교수는 1964년 퓰리처상 수상작 "미국의 반지성주의"에서 지성과 지적능력을 다음과 같이 설명했다. 지성은 두뇌의 비판적이고 창조적이고 사색적인 측면인 음미, 숙고, 의문시, 이론화, 상상과 관련이 있다. 즉, 지성은 여러 상황의 의미를 포괄적인 형태로 탐구하기 때문에 인간의 한 자질로서 높은 평가를 받기도 하지만 한편으로는 비난도 받는다.

반면, 지적능력은 아주 직접적이며 예측 가능한 범위 안에서 적용되는 두뇌의 우수함을 말한다. 즉, 어떤 사안을 파악하고 처리하고 조작하고 조절하고 정리하는 등의 실질적인 특질로서 가장 뛰어나고 소중한 인간의 장점 중의 하나이다. 그것은 명확하게 한정된 목표의 틀 안에서 작동하며, 지적 능력은 쓸모없어 보이는 사고방식을 재빠르게 삭제해버린다는 점에서 무척 실용적이다.

따라서 성공하는 리더는 대부분 지적능력이 높을 뿐만 아니라 어떤 사안의 핵심을 간파하고 처리하고 해결하는 등의 실질적인 특질을 지니고 있다. 특히 이들은 지능 못지않게 중요한 것은 복잡한 것을 단순하게 보는 능력도 가지고 있다.

4) 신뢰

신뢰는 단순히 있으면 좋고 없으면 그만인 덕목이 아니다. 특히 급속한 환경변화로 미래에 대한 불확실성이 그 어느 때보다 큰 21C 사회에서 신뢰의 역할은 더욱 중요하다. 신뢰는 사람을 좀 더 믿음직하고 의지할만한 존재로 만들어주기 때문에 사회생활이나 대인관계에서 중요하게 작용한다. 따라서 리더는 청렴하고 소통이 가능할 뿐만 아니라 조직구성원에게 신뢰를 줄 수 있어야 한다. 기업에서 리더와 조직구성원 간의 상호 존중과 신뢰를 통해 형성되는 인간관계는 조직관리 및 성과에 큰 영향을 미치는 중요한 요소이다.

5) 전문지식과 경험

리더는 전문적인 지식과 경험을 갖추고 조직구성원의 업무 방향을 효율적으로 설정하고 관리하는 역할을 해야 한다. 따라서 21세기형 리더는 조직이 처한 상황과 조직구성원의 성향 등을 파악하며 끊임없이 "Learning by doing(경험을 통한 학습)"을 해야 한다. 특히 리더는 전문지식을 창의적으로 활용할 수 있는 능력이 있어야 한다. 이는 조직의 경영성과에 직접적인 영향을 미치기 때문에 리더의 전문성은 선택이 아닌 필수 요소이다.

6) 위기관리능력

위기는 감기와도 같아 언제나 우리에게 예고 없이 불쑥 찾아온다. 위기는 기업에서 높은 수준의 불확실성을 유발하며, 조직의 목표를 위협한다고 여겨지는 예기치 않은(unexpected), 비일상적인(nonroutine) 사건들을 말한다. 그러면 기업은 위기관리를 어떻게 할 것인가? 우선 기업에 발생하는 위기 유형이 무엇인가를 분석하여 지속적으로 관련 이슈(issue)를 추적하고 분석해 최대한 위기를 예방하는 것이 선행 과제이다.

위기관리는 위기가 발생하기 전, 위기 발생 시점, 그리고 위기 발생 이후의 모든 과정에서 기업과 이해관계자들이 갖는 커뮤니케이션으로 볼 수 있다. 특히 최근 인터넷의 발달로 기업이 위기관리에 실패하면 기업의 명예와 이미지는 한순간에 땅으로 떨어져 회복 불능이 될 수도 있지만 위기에 선제적으로 잘 대응하면 끝없이 떨어질 것 같던 기업의 이미지도 한 순간에 회복하기도 한다.

예를 들면, 기업이 신제품을 출시하였는데 심각한 결함이 발견되어 소비자 불만이 크게 증가하는 등 기업이 큰 위기에 처해있다고 가정하자. 이럴 경우 과거에는 문제를 축소하거나 당장 발생된 문제만 해결하는데 초점을 맞춰 대응했다면 최근에는 기업에 위기상황이 발생할 경우 선제적으로 리콜(recall)[*5]을 실시하는 등 마케팅전략으로 활용한다. 이는 리콜에 따른 막대한 비용을 감수하더라도 장기적인 측면에서 기업이미지 제고를 통한 수익창출을 기대하는 것이다.

[*5] 제품의 결함으로 인하여 소비자가 생명, 신체상의 위해를 입거나 입을 우려가 있을 경우 제품의 제조자(수입자), 유통업자 등이 스스로 또는 정부에 의하여 결합 제품의 위해성을 소비자에게 알리고 결함 제품 전체를 대상으로 적절한 시정 조치(수리, 교환, 환불 등)를 취하는 소비자 보호 제도를 의미한다

위험과 위기

위험(risk)이란 "주주 가치에 감소를 초래하는 모든 사건들", "조직의 전략적, 업무적, 또는 재무적 목표를 달성하는 데 영향을 줄 수 있는 불확실한 미래의 사건들"을 의미한다. 위험은 일상생활의 일부일 수 있지만 위기는 종종 피할 수 있는 사건이다. 하지만 어설픈 위험 커뮤니케이션은 위기를 유발할 수 있기 때문에 위기와 위험은 상호연관성이 있다는 점을 유의해야 한다. 불확실성하의 위험을 사전에 예방, 회피하려는 사전적 대응 활동이 위험관리(risk management)라고 할 수 있으며, 현실화한 위험에 대한 사후 대응이 위기관리(crisis management)라 할 수 있다.

출처: 위기관리와 평판, 2016.08.05, 박흥식.

7) 포용력

리더는 조직구성원을 포용할 수 있는 넓은 도량이 있어야 한다. 즉, 조직을 위해 리더에게 직언 할 수 있는 부하의 용기, 그리고 이를 받아들일 줄 아는 리더의 포용력[※6]은 건강한 조직문화를 꽃피우는 근간이 된다.

리더가 조직 내에서 최고의 자리에 오르기 위해서는 조직구성원에게 실질적인 영향력을 발휘할 수 있어야 한다. 모든 사람이 최고의 지위에 올라 리더가 될 수는 없다. 따라서 리더가 되려면 리더를 만드는 2인자 정신, 협력자 정신을 수렴할 때 최고가 될 수 있다. 이러한 협력자 정신의 기반은 리더 자신이 만들어가기에 달렸다.

[※6] 조직에서 일어나는 여러 가지 구체적이고 복잡한 정보, 사건, 현상들을 추상화하여 일정한 개념의 틀에 따라 이해할 수 있는 능력을 뜻한다. 이러한 능력이 뛰어난 사람은 조직의 지표를 보다 더 빨리 이해하여 조직목표달성에 필요한 것이 무엇인지 잘 파악할 수 있다.

8) 협상능력

협상이란 이해관계자 사이에 쌍방향 의사소통을 통하여 상호 만족할 만한 수준으로의 합의에 이르는 과정이다. 이러한 협상은 협상당사자의 입장에서 보면 상대방과의 결합적 의사결정행위를 통해 자신의 본질적 이해를 증진시킬 수 있는 수단이다. 협상은 흥정과는 구분된다. 흥정은 물건을 사거나 팔기 위하여 품질이나 가격 따위를 흥정하는 것, 협상은 기업이나 국가 등 복합적인 사회계층간의 다수 의제에 대한 상호작용을 의미한다. 그러나 실제로는 구분없이 사용하고 있다.

협상과정

협상과정은 협상의 준비와 계획과정으로 나의 목적과 내용을 명확히 정의하고 상대방의 의도를 파악하여 계획을 세운다. 만약 전략적으로 합의에 이르지 못할 때에는 차선의 대안을 준비하는 것이 필요하며, 이때 상대방의 'BATNA'를 알면 협상을 유리하게 진행할 수 있다.

1) 서로가 원하는 것이 무엇인지를 이야기한다.
2) 서로의 입장에 대해 이야기 한다.
3) 각자가 느끼고 있는 감정에 대해 이야기 한다.
4) 각자 상대방의 관점에서 갈등상황을 검토해 본다.
5) 서로의 이익을 극대화 할 수 있는 방안을 모색한다.
6) 건설적 합의에 도달하기 위해 노력해야 한다.

따라서 리더는 완숙한 협상자가 될수 있어야 한다. 또한 리더는 자기가 속해있는 조직의 이익을 위한 대안 제시에 능숙해야 한다.

협상력을 높이는 방법

- 나의 목적을 명확히 하라.
- 상대방의 목적을 파악해라(숨은 의도까지).
- 전문적인 판단능력을 키워라.
- 신뢰적인 인간관계를 형성해라.

- 순차적으로 정보를 노출해라.
- 이성/감성을 적절히 활용해라.
- 예의 바른 태도를 갖춰라.

성공적인 리더상

- 꿈과 비전
- 신뢰, 열정
- 지적능력
- 개념화능력
- 대인관계 능력

- 커뮤니케이션 능력
- 전문지식과 경험
- 위기관리능력
- 긍정적 사고
- 포용력

 ## 위기의 파급효과

　　노스웨스턴대학교 로스쿨 교수겸 세계 최대 PR그룹인 에델만(Edelman)의 위기관리 전문가 롭 할란(Harlan)은 21세기 위기의 확산 속도와 그로 인한 위기관리의 필요성을 역설했다.

　　에델만그룹의 조사에 따르면 기업에 대한 나쁜 뉴스는 2시간 30분 만에 전 세계의 25%에 퍼지고, 나머지 75%는 24시간 내로 퍼진다. 기업의 위기를 전 세계 사람들이 아는 데 하루밖에 안 걸린다. 지난 5년간 리스크의 확산 속도는 엄청나게 빨라졌고, 정부와 기업은 아직 이런 속도에 낯설어 한다. 평판과 관련된 리스크는 지난 10년간 400% 증가했다.

출처: 조선일보, 2015.11.28

리더십과 인성

01 (전공:　　　　　　학번:　　　　　　성명:　　　　　　)

1. 리더의 자질과 덕목에 대하여 정리하세요.

자질 및 덕목	설 명

(전공:　　　　　　학번:　　　　　성명:　　　　　　)

2. 리더(십)과 성공적인 리더상에 대하여 정리하세요.

구분	설 명
리더	
리더십	
성공적인 리더상	

리더십과 인성

02

리더십의 발전 이론

어떤 조직이든지 그 조직의 성과를 높이기 위해서는 리더의 리더십이 무엇보다 중요하다. 지금까지 리더십의 본질에 대한 많은 연구가 있었지만, 연구하는 학자들마다 견해차이가 크고 리더십 이론도 다양하다.

그럼에도 불구하고 시대적 흐름에 따라 발전적으로 전개된 리더십 이론을 살펴보면 특성이론, 행동이론, 상황이론을 들 수 있다.

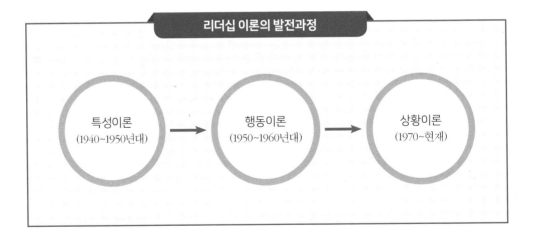

1. 특성이론

자질이론이라고도 한다. 리더는 선천적으로 리더십의 자질을 갖고 태어난다는 것을 핵심으로 하는 이론이다. 특성이론에 대한 연구는 1940년대에 본격적으로 시작되었다. 이 이론에 대한 초기 연구에서는 효과적인 리더십을 발휘하는 리더는 남다른 특성이 있다고 생각하고, 이러한 개인적 특성을 찾으려고 노력하였다.

예를 들면, 리더의 특성으로는 큰 키, 무거운 체중, 강한 의지와 지구력, 뛰어난 용모, 높은 지능, 추진력, 자신감, 용기, 능숙한 언변 등이다. 따라서 이러한 자질을 가진 사람을 더욱 교육시키고 훈련시키면 훌륭한 리더십(leadership)을 발휘할 수 있다고 보았다.

특성이론에 대한 학자들의 견해를 살펴보면, 바너드(Barnard, 1948)는 리더의 인성과 능력 측면에서 박력과 지구력, 결단력, 설득력, 책임감, 지적·기술적 능력 등을 리더의 자질적 요소로 보았다. 카츠(katz, 1884)는 다음과 같은 세 가지를 리더의 자질로 보았다. 첫째, 전문지식을 갖추고 있거나 전문지식에 대한 분석능력이 있어야 한다. 둘째, 인간관계와 협동을 끌어 낼 수 있는 대인적 능력이 있어야 한다. 셋째, 조직을 이끌어 갈 수 있는 능력과 조직의 복잡성을 이해하고, 조직구성원 개개인의 활동이 전체조직에 어떤 영향을 미치는지를 파악하는 등 개념화 능력이 있어야 한다고 주장하였다.

그러나 이러한 자질이론에 대한 반론이 제기되고 있다.

첫째, 과연 그와 같은 우수한 자질을 갖춘 사람이 현실적으로 존재하는가?

둘째, 그 자질 중 우선순위를 결정할 수 있는가?

셋째, 자질이 풍부하더라도 상황에 따라 충분히 리더십을 발휘할 수 있는가? 등이 그것이다.

예를 들면, 자질론자들이 제시한 리더의 특성은 리더의 공통된 특성이라고 말할 수 없다. 왜냐 하면 과거 유명했던 리더들도 제각기 특성이 달랐기 때문이다. 게다가 제시된 그 특성들은 상황적 요인을 고려한 것이 아니었던 것이다. 즉, A라는 상황에서 성공적인 리더라고 해서 B라는 상황에서도 반드시 훌륭한 리더가 된다고 볼 수 없기 때문에 이 자질이론은 얼마 가지 않아 설득력을 잃었다.

따라서 자질이론은 과학적 근거가 빈약할 뿐만 아니라 리더의 공통적인 특성을 일반화하는 데 한계가 있다고 볼 수 있다. 자신들이 주장하는 특성들과 리더십과의 연관성을 객관적으로 검증하지 못함으로써 이후 "행동이론"이 등장하게 되었다.

리더십의 특성(자질)이론

- 신체조건(physical condition)
- 지능(Intelligence)
- 주도성(Initiation)
- 자신감(Self-confidence)
- 민감성(Alertness)

- 성향(personality)
- 통찰력(Indight)
- 책임감(Responsibility)
- 지속성(Persistence)
- 사교성(Sociability)

 성공하는 창업자(경영자)가 갖추어야 할 자질과 능력

- 업종에 대한 관심과 사랑이 있는가?
- 창업의지, 열정, 신념이 있는가?
- 창업목표는 정확히 인식하고 있는가?
- 10년 후의 비젼(vision) 설계를 하고 있는가?
- 업종에 대한 지식과 기술 그리고 경험은 있는가?
- 자금능력과 인력관리 등에 자신감이 있는가?
- 시장의 변화와 환경의 변화를 읽을 수 있는 능력이 있는가?
- 사소한 것이라도 약속은 잘 지키는가?
- 대인관계는 원만한가?
- 다른 사람의 의견에 귀를 기울이는가?

- 문제해결능력과 위기관리능력이 있는가?
- 주도적이고 추진하는 능력이 있는가?
- 건강에 자신이 있는가?
- 성취욕구와 책임감은 있는가?
- 고집스럽지 않고 융통성 있게 행동하는가?
- 다른 사람을 설득하는 능력이 있는가?
- 독특한 아이디어와 창의력이 있는가?
- 스스로 동기유발을 잘하며 끊임없는 노력과 인내성이 있는가?
- 낙천적인 성격과 유머감각은 있는가?
- 피드백(feedback)을 잘 활용하는가?
- 숫자에 대한 감각을 가지고 있는가?

2. 행동이론

　행동이론은 특성이론의 문제점과 한계를 극복하기 위해 1950년~1960년대에 걸쳐 나타난 이론이다. 리더의 특성을 찾는데 실패한 자질이론에 대한 연구는 이번에는 외부로 나타나는 리더의 행동을 관찰하는 방향으로 진행되었다. 즉, 리더의 개인적 특성에 대한 일치된 견해가 없고 리더는 반드시 타고나는 것이 아니라는 의견이 대두되면서 리더에게 필요한 행동이 무엇인가에 대한 관심이 높아지기 시작하였다.

　행동이론은 리더가 자신의 역할을 수행하기 위해 조직구성원에게 어떠한 행동을 보이느냐에 따라 리더십의 효과성이 결정된다는 이론이다. 행동이론은 리더에게 나타내는 반복적인 행동유형을 찾아내고 어떤 유형이 가장 효과적인가를 밝히는 것이다.

따라서 행동이론은 리더의 특성에 따라 리더십이 좌우되는 것이 아니라 조직구성원에 대한 리더의 행동패턴에 따라 리더십 효과가 좌우된다고 보았다. 조직의 다양한 상황에서 리더가 조직구성원에게 보여주는 행동패턴과 이에 대한 구성원들의 반응에 초점을 맞추었다. 즉, 조직성과와 이러한 성과를 내는 리더의 행동양식 간의 영향관계를 규명하고자 하였다.

또한 이와 더불어 리더십의 결정요인은 추종자의 태도나 능력에 달려 있다고 보는 추종자 중심이론[*7]이 연구되기 시작하였다.

*7 리더십과 상대적 개념으로 사용된다. 리더십이 상사가 부하에게 영향력을 행사하는 과정이라면, 팔로워십(fol-lowership)은 부하로서 바람직한 특성과 행동을 의미한다. 일반적으로 건강한 부하는 상사가 바람직한 리더십을 발휘하도록 유도하고 지원해야 하며, 상사에 대한 동의뿐만 아니라 건전한 비판도 함께 해야 한다.

오하이오(OHIO) 주립대학 연구

오하이오주립대학은 먼저 리더 행동을 측정하기 위해 설문지를 개발하여 민간인과 군인들에게 배포하여 자기기입방식으로 리더에 대한 행동을 조사, 분석을 통해 행동항목 간에 어떤 인과관계가 있는지를 밝혀냈다.

리더에 대한 행동을 분석한 결과, 리더의 행동을 두 가지 차원의 행동요인으로 분류하였고 이를 배려적 행동과 과업주도적 행동이라고 명명하였다. 그리고 이 두 행동요인이 높은 리더가 그렇지 않은 리더보다 조직구성원에게 좋은 성과와 만족을 가져다주는 것을 발견하였다. 각각의 행동요인을 정리하면 다음과 같다.

배려적 행동은 리더가 구성원과의 대인관계를 중시하는 행동으로 신뢰, 우정, 존경, 친밀감, 경청 등의 정도를 측정하였다.

과업주도형 행동은 리더가 조직구성원과의 직무관계를 중시하는 행동으로 조직의 목표달성을 위해 구성원들에게 과업을 부여하고, 명확한 성과기준을 제시하며, 표준절차 준수를 강요하거나 부하들의 활동을 조정해 주는 것 등의 정도를 측정하였다.

미시간(MICHAGN) 대학교 연구

미시건대학교는 어떤 유형의 리더 형태가 조직의 성과와 구성원의 만족을 가져오는지를 연구한 결과, 직무중심적 리더십 유형과 구성원중심적 리더십 유형을 발견하였다.

직무중심적 리더십 유형은 조직구성원의 직무수행조건과 직무만족의 영향관계를 밝히는 연구이다. 이는 직무중심적 리더십을 강조한 연구로 리더가 합법적이고 강재적인 권력을 이용하여 조직구성원의 직무를 명확히 하고, 조직구성원이 따라야 할 상세한 직무방법을 규정하고, 이에 따른 업무성과를 평가하는 데 초점을 맞췄다.

구성원중심적 리더십 유형은 오하이오(OHIO)주립대학의 배려적 행동에 관한 연구와 비슷하다. 이는 구성원중심의 리더십을 강조한 연구로 리더가 인간지향적 책임의 위임과 조직구성원의 복지, 욕구, 승진, 개인적인 성장에 관심 정도에 따라 조직구성원과 우호적인 관계를 갖는 경향이 있고, 개인적인 의사결정 대신에 집단 의사결정 방법을 택하고, 높은 성취목표를 설정하여 달성하도록 구성원들을 격려하며, 구성원들을 세심하고 신중하게 대하려고 노력한다.

미시간대학교 연구에서 내려진 결론은 구성원중심적 리더들이 조직에서 보다 높은 생산성과 직무만족도를 나타내며, 상대적으로 직무중심적 리더는 낮은 생산성과 낮은 직무만족도를 보였다.

결론적으로 미시간대학교의 직무중심적 리더십 유형과 구성원중심적 리더십 유형의 연구는 오하이오주립대학의 과업주도적 행동과 배려적 행동의 연구와 비슷하다고 볼 수 있다.

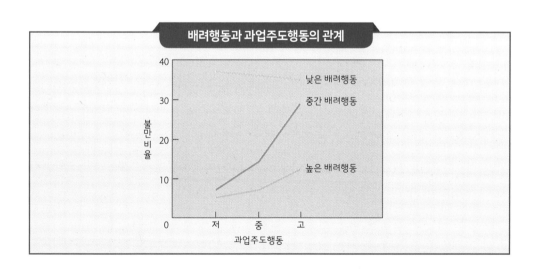

배려행동과 과업주도행동의 관계

3. 상황이론

리더십의 결정요인은 리더의 타고난 특성이나 행동에 있는 것이 아니라 리더가 처해있는 조직의 상황에 있다고 주장한 이론으로 1970년대에 이르러 연구가 시작되었다. 피들러(Fiedler, 1970)는 리더의 자질 및 행동과 조직의 주어진 상황에 따라 리더의 능력이나 가치가 달라진다고 하였다. 즉, 리더는 기업이 당면한 상황에 가장 적합한 행동양식을 찾아야 한다는 것이다. 이 상황이론은 오늘날 리더십 연구에서 가장 포괄적이고 지배적인 이론으로 발전하였다.

이 이론은 다른 상황에서는 다른 리더십 접근방식이 요구된다는 전제 아래 어떤 상황이든지 가장 효과적인 리더십을 발휘하기 위해서는 리더의 지위권력, 수행해야 할 과제의 성격, 리더와 조직구성원 간의 관계 등을 필수적인 요소로 보았다. 상황이론은 어떤 상황에 따라 어떤 리더십이 적절한가를 규명하여 그것에 알맞은 리더를 결정하는 것이며, 그에 따른 리더십의 유효성도 다르게 나타난다고 보았다.

예를 들면, 리더십 상황이 리더에게 유리하거나 불리한 경우에는 과업지향적 리더가 더 효과적이고, 상황이 리더에게 유리하지도 불리하지도 않으면 관계지향적 리더가 더 효과적이다. 결국 어떤 상황에서나 가장 효과적인 리더십 유형은 없으며, 리더십 효과는 상황에 가장 적합한 리더십을 발휘할 때 조직성과를 높일 수 있다.

피들러는 과업지향형과 관계지향형 이론에서 상황적 요소와 리더 유형의 상관관계에 중점을 두고 연구하였다. 이를 통해 리더에게 가장 호의적인 것에서부터 가장 비호의적인 것까지 총 8가지의 집단상황으로 범주화하여 각 상황범주에 적합한 효과적인 리더십 유형을 연구하였다. 어떤 연구방법을 선택한 것은 리더십 행동유형과 상황을 정확히 판단할 때 효과적인 리더십을 발휘한다고 보았다. 따라서 피들러는 어떤 리더십 유형이 효과적일 것인지 아닌지를 결정하는 리더십 상황변수로 리더-구성원 관계, 과업구조, 직위권력을 제시하였다.

연구결과, 피들러는 리더십 유형을 쉽게 바꾸기 어려울 뿐만 아니라 모든 상황에 적절히 적용할 수는 없다. 따라서 리더십 효과를 높이기 위해서는 상황에 맞게 리더의 스타일을 바꾸든가, 아니면 상황을 리더의 스타일에 맞게 바꿔야한다고 주장하였다.

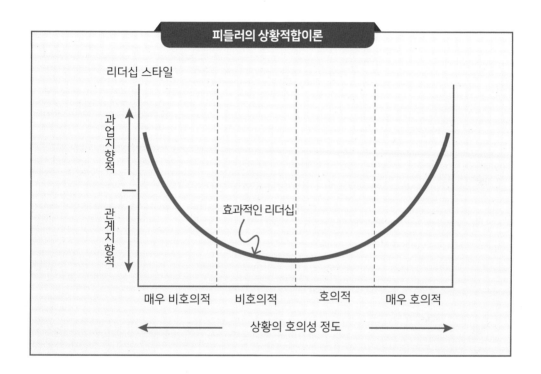

피들러(Fiedler)의 과업지향형과 관계지향형 이론

리더십 행동연구가 한계점에 부딪치면서 피들러는 그의 동료들과 함께 상황이론을 연구하기 시작하였다. 이는 조직의 상황을 고려한 최초의 리더십이론으로 피들러는 과업의 성공적 수행은 이를 이끌어나가는 리더십의 스타일과 과업이 수행되는 상황의 호의성(favorableness)에 따라 달라진다고 보았다. 이를 연구하기위해 피들러는 리더십 스타일을 과업지향형(task-oriented)과 관계지향형(relationship-oriented)으로 분류하였다.

과업지향형은 리더십을 발휘하는 초점을 과업 자체의 진척과 성취에 맞추고, 여기에 방해되는 일탈 행위를 예방하거나 차단하는데 주력하는 통제형 리더십(controlling leadership) 스타일이다. 반면, 관계지향형은 통솔 하에 있는 부하들과의 원만한 관계형성을 통해 과업의 성취를 이끌어 내려는 배려형 리더십(considerate leadership) 스타일이다. 이를 연구하기 위해 피들러는 리더의 성격특성을 8개 항목, 리더십유형을 18개 항목으로 구성하여 LPC(Least Preferred Co-Worker) 설문에 의하여 측정하였다.

☑ 리더-구성원 관계

구성원들이 리더에게 갖는 신뢰, 미움, 존경, 충성심, 친밀감 정도를 측정하는 것으로 조직의 분위기와 관련이 있다. 구성원이 리더에 대해 갖는 반응이 호의적이냐 비호의적이냐의 정도에 따라 리더와 구성원과의 관계가 결정된다.

☑ 과업구조

리더십 상황을 결정하는 기업의 명확한 과업목표, 다양한 과업경로, 의사결정의 변동성 및 구체성 등 과업수행에 필요한 프로세스의 정형화 정도를 말한다.

☑ 지위권력

리더가 구성원의 채용과 해고, 승진, 상벌, 임금인상 등과 같은 권력변수들에 대해 행사하는 공식적·합법적·강압적인 영향력의 행사로 구성원들이 수용할 수 있는 지위권력의 정도를 말한다.

상황이론에서는 여러 가지 상황 조건을 구체화하고 상황 조건에 따른 리더십 행동과 효과(조직성과와 구성원들의 만족감)를 중심으로 연구하였으나 다음과 같은 경우 연구에 한계가 있을 수 있다. 첫째, 상황분류를 지나치게 단순화하는 경우 둘째, 상황변수가 복잡하고 의미가 분명치 못한 경우 셋째, 리더나 구성원의 기술적 능력이나 변화에 대해서 간과하는 경우 넷째, 상황요소와 리더유형의 상관관계를 명확히 규명하지 못하는 경우 다섯째, 연구에 사용한 측정도구가 불명확한 경우 등이다.

그럼에도 불구하고 이 이론은 리더와 상황에 어떻게 적절한 조화를 이루어 높은 성과를 이룰 수 있는가에 대한 관심과 이해를 증진시킨다. 따라서 피들러는 리더십 유형은 쉽게 바뀌기 어렵고, 리더십 유형도 모든 상황에 적절히 적용할 수는 없다. 따라서 리더십 효과를 높이기 위해서는 상황에 맞게 리더의 스타일을 바꾸든가, 아니면 상황을 리더의 스타일에 맞춰 바꾸는 것이다.

1. 리더십 발전이론에 대하여 정리하세요.

발전단계	설 명
특성이론	
행동이론	
상황이론	

리더십과 인성

리더십과 인성

03

전통적 리더십 유형

리더십은 리더의 지도력을 의미한다. 학자에 따라 리더십에 대한 정의는 다양하다. 테리(Terry, 1960)는 모든 사람들이 집단목표를 위하여 자발적으로 노력하도록 영향을 미치는 활동, 플레시먼(Fleishman, 1973)은 어떤 목표나 목표의 달성을 위하여 의사소통 과정을 통해서 개인 간의 영향력을 행사하려는 행위, 스토그딜(Stogdill, 1974)는 집단이 목표를 달성하거나 목표 달성을 지향하도록 하기 위하여 의사소통의 과정을 통해서 영향력을 행사하려는 행동으로 정의하였다.

레빈(Lewin, 1938)은 리더십 유형을 민주형, 전제형, 방임형의 세 가지로 나누어 집단운영의 효과라는 측면에서 비교하였다. 그 후 리더십 유형에 관한 연구는 자질, 특성 이론에서 상황 이론으로, 다시 상호작용 이론으로 변증법적 토론[8]을 통해 발전을 해 왔다.

---

[8] 철학자 헤겔(Hegel, G.)의 변증법적 사고방식에 기초한 집단의사결정 기법으로서, 두 가지 상반되는 제안들에 대한 토론을 의미한다. 반대가 있어야 발전이 있다는 진리를 바탕으로, 의사결정에 참여한 집단 구성원들을 두 편으로 나누어 찬성과 반대의견을 토론한다.
구성원들을 두 편으로 나눈 후, 한 쪽이 먼저 의견을 제시하면 반대쪽 집단에서는 그에 반대되는 대안을 제시한다. 이러한 방식의 토론을 반복함으로써 두 가지 제안의 장·단점이 모두 드러나게 된다. 결국 토론 과정에서 살아남은 대안들만이 취합되어 최종 안으로 결정된다. 변증법적 토론은 상반되는 제안들 사이의 장·단점을 모두 균형적으로 파악할 수 있게 해준다는 특징이 있다. 그러나 토론 과정에서 갈등을 유발할 수 있기 때문에 두 집단 모두 윈-루즈(win-lose) 방식의 태도에서 벗어나 가장 효과적인 해결책을 마련하는 데에 초점을 두어야 한다.

집단역학의 선구자들(Lewin, Lippitt, White, 1939)은 아이오와 실험에서는 자유와 질서라는 기능 차원에 따라 민주형, 자유방임형, 전제형의 세 가지 유형을 제시하였고, Katz & Kahn(1960)은 미시건 연구는 종업원 지향, 집단 관계성, 감독 역할의 분화 및 감독의 자상함 등 기능 차원에 따라 종업원 지향형, 생산성 지향형을 제시하였다.

화이트와 리퍼트(White & Lippitt, 1939)는 지배자로 군림하는 독재형, 다른 사람들과 의논하는 민주형, 모든 것을 내버려두는 자유방임형이 있다고 주장하였다.

상기 학자들의 주장을 종합해 보면, 많은 리더십 유형 중에서 가장 보편적이고 일차원적인 리더십은 독재형, 민주형, 자유방임형이다. 이들의 특징을 살펴보면 다음과 같다.

1. 독재형

독재형 리더십은 리더가 중요한 결정을 홀로 내리고 조직구성원으로 하여금 이에 따르게 하는 유형을 말한다. 즉, 리더가 어떤 사안을 독선적으로 판단하고 결정하며, 조직구성원에게 명령에 따른 복종을 강요하고 보상과 처벌의 수단을 동시에 사용하는 리더의 유형을 말한다.

이러한 유형의 리더는 권위적이고 독선적이다. 또한 조직구성원의 질문을 금지시키고, 실수를 용납하지 않으며, 핵심정보는 혼자 독점하려고 한다. 또한 조직구성원의 개인적인 욕구는 2차적인 문제로 생각하며 보상-처벌의 연속선에서 통제하고 관리한다.

이러한 독재형 리더십의 장점은 통제와 조정이 쉽고 리더의 조직 운영에 대한 진행에 일관성이 있다. 또한 지시와 명령으로 조직을 주도하기 때문에 업무추진에 있어 신속한 결정이 가능하고, 위기 시에도 일사불란하게 효과적으로 대응할 수 있다.

그러나 독재형 리더십의 단점은 조직구성원에게 주어진 업무만을 묵묵히 수행할 것을 요구하기 때문에 조직의 사기를 저하시키고, 조직의 경직성을 초래할 수 있다. 이러한 조직은 구성원의 창의적인 아이디어를 수용하기 어렵고 긍정적인 인간관계가 결여되어 있으므로 장기적인 성장을 기대하기 어렵다.

2. 민주형

민주형 리더십은 의사결정과 업무수행 과정에서 부하의 참여를 권장하는 리더십 유형을 말하며, 참여형(participatory)이라고도 한다.

이러한 민주형 리더십의 장점은 개인주의 및 민주주의적 문화가 지배하는 사회에서는 조직구성원의 창의성을 살리고 근무 의욕을 높일 수 있다. 조직구성원이 스스로 자신의 능력을 인식하고 발휘하도록 이끌어주는 것이기 때문에, 동기와 사명감을 증진시킬 수 있고, 집단토의 권장을 통해 새로운 정보의 교환이 활발하게 이루어진다. 또한 객관적 입장에서 칭찬과 격려가 이루어지기 때문에 조직을 평등한 분위기로 발전시킬 수 있다.

그러나 민주형 리더십의 단점은 다수의 조직구성원을 의견수렴에 참여시키는 데 많은 시간이 걸릴 수 있기 때문에 긴급한 결정을 할 때에는 어려움이 있다. 또한 조직 구성원이 과업에 대한 흥미와 성취욕구가 강하지 않거나, 필요한 지식과 정보를 갖추고 있지 않은 경우에는 활동성이 떨어진다.

3. 자유방임형

독재형 리더십과는 반대로 자유방임형 리더십은 리더가 스스로 결정하지 않고 권력을 거의 행사하지 않으며, 오히려 조직구성원의 재량을 최대한도로 허용한다. 즉, 리더가 소극적인 자세로 대부분의 의사결정권을 조직구성원에게 위임하는 형태의 리더십이다.

이러한 자유방임형 리더십의 장점은 조직구성원의 능력이 고루 우수하고 업무의 내용이 고도로 전문적인 성격을 가진 경우 효과적이다. 또한 자유방임형 조직에서는 조직구성원이 스스로 목표를 세우고 실행계획을 수립하며, 리더는 자문하는 역할을 수행한다. 이러한 리더십은 창의력 중심의 조직이나 특정 과업해결을 위한 전문가 중심조직에 적합하다.

그러나 자유방임형 리더십의 단점은 리더가 조직을 장악할 수 있는 확고한 권한을 가지지 못하면 리더십의 부재로 이어지고, 이는 곧 조직이 안일하고 나태해질 수 있으며, 조직 내부갈등이 생겨도 해결하지 못하고 오히려 혼란을 야기할 수도 있다.

결론적으로 조직구성원 중심의 민주적이고 참가적인 리더십 형태가 조직의 효과를 증대시키기 때문에 현대의 기업경영은 민주적 리더십을 전제로 한 체계적인 권한위임, 구성원 참여, 공적에 따른 포상 등이 포함된 리더십이 요구된다. 따라서 민주적, 독재적, 자유방임형 리더십 유형을 기업 환경과 상황에 따라 적절히 혼용하여 활용하는 것이 바람직하다. 리더는 일반원칙만을 제시해주고 조직구성원 스스로가 책임감을 갖고 자율적으로 일할 수 있는 환경을 조성해주어야 한다. 너무 세세한 리더십 보다는 인간적인 측면, 그리고 조직구성원의 발전과 성취에도 관심을 기울이면서 조직의 목표를 달성할 수 있는 상호 신뢰하고 인정하는 분위기 조성이 중요하다.

가장 효과적인 리더란 기업의 상황과 요구에 가장 잘 부합하는 리더십을 발휘하는 것이다.

유형별	특징
독재형	-. 모든 중.요한 결정은 리더가 독단적으로 결정하고, 구성원들은 결정된 사항을 집행·수행하는 임무만 진다. -. 리더는 모든 작업의 세부 활동에 대해 상세히 명령·지시한다. -. 통상 미래의 계획 등에 대해서는 집단 구성원들이 잘 모르게 한다. **장점** 통제와 조정이 쉽고 리더가 조직을 운영하는데 일관성이 있다. 또한 지시와 명령으로 조직을 주도하기 때문에 업무추진에 있어 신속한 결정이 가능하고, 위기 시에도 일사불란하게 효과적으로 대응할 수 있다. **단점** 구성원들에게 주어진 업무만을 묵묵히 수행할 것을 요구하기 때문에 조직의 사기를 저하시키고, 조직의 경직성을 초래할 수 있다. 단지 경제적인 동기에 의해 생산한 만큼 대가를 받는다.
민주형	-. 기업에서 이루어지는 의사결정이나 문제해결 시 구성원을 적극 참여시켜 집단 토의를 통하여 의견을 수렴하거나 해결방안을 모색한다. **장점** 구성원의 창의력과 생산성을 높여주고 구성원들 간의 원만한 인간관계 유지를 중시한다. 리더는 집단 활동을 격려하고 도와주며, 기술적인 조언이 필요할 때에는 여러 대안을 제시한다. 객관적 입장에서 칭찬과 격려가 이루어지기 때문에 조직을 평등한 분위기로 발전시킬 수 있다. **단점** 다수의 조직원들을 의견수렴에 참여시키는 데 많은 시간이 걸릴 수 있기 때문에 긴급한 결정을 할 때에는 어려움이 있다. 또한 조직 구성원들이 과업에 대한 흥미와 성취욕구가 강하지 않거나, 필요한 지식과 정보를 갖추고 있지 않은 경우에는 활동성이 떨어진다.
자유방임형	-. 리더가 스스로 결정하지 않고 권력을 거의 행사하지 않으며, 오히려 구성원들의 재량을 최대한도로 허용하는 리더십의 유형을 말한다. **장점** 구성원의 능력이 고루 우수하고 업무의 내용이 고도로 전문적인 성격을 가지는 경우 효과적이다. 구성원들이 스스로 목표를 세우고 계획을 수립하며, 리더는 자문하는 역할을 수행한다. 이러한 리더십은 창의력 중심의 조직이나 특정 과업해결을 위한 전문가 중심조직에 적합할 수 있다. **단점** 리더가 조직을 장악할 수 있는 확고한 권한을 가지지 못하면 리더십의 부재로 이어진다. 이는 곧 조직이 안일하고 나태해질 수 있으며, 조직 내부갈등이 생겨도 해결하지 못하고 오히려 혼란을 야기할 수도 있다.

(전공:　　　　　　　학번:　　　　　　　성명:　　　　　　　)

1. 전통적 리더십을 비교·분석하세요.

구분		설 명
독재형	장점	
	단점	
민주형	장점	
	단점	
자유방임형	장점	
	단점	
종합의견		

리더십과 인성

리더십과 인성

04

현대적 리더십 유형

1. 카리스마 리더십

카리스마(charisma)는 그리스어에 어원을 두고 있다. 사람의 마음을 사로잡는 능력, 개성으로 상대방을 움직일 수 있게 하는 힘을 의미한다.

카리스마 리더십에 대한 학자들의 견해를 살펴보면, 베버(Weber, 1894)는 카리스마적 리더란 조직이 어떤 위기에 직면했을 때 문제를 해결할 수 있는 신비스럽고, 자아도취적이며, 조직구성원을 끌어들이는 흡입력을 지닌 인물로 보았다. 하우스(House, 1920)는 카리스마적 리더가 어떻게 행동하고, 다른 사람들과 어떻게 구별되며, 그들이 가장 효과적인 리더십을 발휘할 때는 언제인가 하는 상당히 포괄적인 이론 구축을 시도하였다.

카리스마적 리더십은 리더의 능력과 특성이 어떤 상황을 만나 발생하게 된다. 카리스마적 리더십은 조직구성원의 마음을 사로잡는 비전을 명확히 제시하고 에너지와 용기를 불어넣어 전에 할 수 없었던 일을 하게 한다. 또한 이러한 리더십은 조직구성원에게 보다 더 나은 미래에 대한 생생한 이미지를 전달해 주며, 높은 성과를 낼 수 있을 것이라는 기대감과 달성할 수 있는 능력을 지니고 있다는 확신을 줌으로써 자부심과 자신감을 증진시켜 준다.

　과거 성공적인 리더는 범접할 수 없는 카리스마를 지녀야 조직의 효율성을 증대시킨다며 카리스마 리더십의 중요성을 강조하고 있다. 그러나 카리스마적 리더십은 종종 잘못 정의되어서 나쁜 선입견을 주고 있다. 이는 인류에 대한 극악한 행동을 보여 왔던 히틀러, 무솔리니, 스탈린 등과 같은 독재자들이 지나치게 부각되어서 악용되었기 때문으로 볼 수 있다.

　21세기에 들어와 전통적 리더십 이론들이 한계에 부딪히자 카리스마 리더십은 새롭게 각광받기 시작하였다. 카리스마 리더십이 새롭게 각광받게 된 이유는 다음과 같다.

　첫째, 전통적 리더십 이론들이 한계에 부딪혔다.

　둘째, 카리스마 리더십은 성과와 높은 상관관계가 있다.

　셋째, 비전과 혁신이라는 시대적 욕구가 카리스마 리더십이론의 핵심내용과 일치한다.

카리스마 리더

- 조직의 목표 공유 및 높은 성과
- 리더에 대한 구성원의 신뢰 및 수용
- 리더와 구성원의 신념의 유사성
- 리더에 대한 구성원들의 자발적인 복종
- 조직의 사명에 대한 구성원들의 감정적 몰입
- 리더의 솔선수범

2. 전략적 리더십

리더의 일상 업무는 조직의 목표를 달성하기 위하여 다양한 이해관계자와 소통하는 과정이다. 따라서 리더는 기업의 전략과 구조 그리고 프로세스를 외부환경과 연결시키고 조정하는 역할을 한다.

전략적 사고는 문제의 핵심을 정확히 파악하고 사실에 입각한 객관적인 분석과 논리적인 사고를 전제로 하며, 기존의 고정관념을 깨고 새로운 발상을 추구하는 혁신적 자세로 창의적, 논리적, 비판적 사고를 적극 활용한다. 또한 전략적 사고는 기업에서 얼마든지 발생할 수 있는 현실적이고 실용적인 문제를 해결하는 과정임으로 기업의 전략방향을 수립하고 다양한 문제를 해결하는 데 매우 유용한 사고의 틀을 제공한다.

학계에서는 전략적 리더십에 대한 심도있는 연구가 이루어져야 하며 동시에 기업의 CEO들은 전략적 리더십을 제고시키기 위한 노력을 해야 한다고 주장하였다. 따라서 전략적 리더십은 기업의 외부환경 및 내부환경에 부합한 하나의 균형점에 머무는 것이 아니라 환경 변화에 따라 혁신을 지향하는 전략적 역동성*)이 필요하다고 볼 수 있다.

*) 성공적인 전략의 본질은 역동적 전략 적합성이라고 할 수 있다. 역동적 전략 적합성이란 기업의 외부 요인(고객의 선호도 등), 내부 요인(좋은 서비스에 대한 기업의 명성 등), 그리고 전략이라는 세 가지 요소가 장기적으로 서로 조화를 이루는 것을 말한다. 기업은 기술적인 노하우나 고객 충성도와 같은 무형자산을 효과적으로 활용하고 능률적으로 축적함으로써 전략 적합성을 달성할 수 있다. 경쟁 전략의 성공 여부는 기업의 무형자산에 달려 있지만 무형자산의 역동성(시간의 경과에 따른 무형자산의 축적과 감소)은 대부분 전략의 내용에 의해 결정된다. 출처 : 전략적 역동성의 개념|작성자 헤라 → https://blog.naver.com/lees

불확실하고 급변하는 환경 속에서 기업의 흥망에 결정적인 영향을 미치는 의사결정을 내려야 하는 최고경영자(CEO)의 리더십에 대한 관심이 점점 커지고 있다. 미국에서는 기업의 최고경영자들을 중심으로 포럼이 결성되어 해마다 국제적인 학술대회를 열어 지식시대에 걸 맞는 새로운 리더십 패러다임을 모색하고 있는데, 그 포럼의 명칭은 『전략적 리더십 포럼(Strategic Leadership Forum)』이다.

그 명칭에서 유추해볼 수 있는 바와 같이 전략적 리더십은 CEO를 위한 21세기의 새로운 리더십으로 자리를 굳혀가고 있다. 전략적 리더십은 1987년 미국의 경영학자인 Byrd에 의해 체계적으로 정의가 내려졌다. Byrd에 따르면 전략적 리더십은 "미래를 예견하고, 비전을 만들고, 기업조직에 유연성을 유지시키며 또한 전략적 변화가 가능하도록 부하들을 임파워먼트시킬 수 있는 능력"이라고 정의할 수 있다.

그 후 전략적 리더십에 관한 연구는 크게 두 가지 방향으로 진행되어 왔다. 첫 번째 흐름은 CEO 개인을 연구대상으로 한 연구들이었는데 어떻게 하면 CEO의 전략적 의사결정 능력을 제고시킬 수 있을 것인가에 초점을 맞추었다. 두 번째 연구방향은 기업의 성과는 CEO의 능력보다는 최고경영자팀(TMT; Top Management Team)의 종합적인 역량에 의하여 결정된다는 가정을 가지고 CEO 개인의 리더십보다는 최고경영자팀을 대상으로 이루어진 연구들로 최고경영자팀을 어떻게 구성하고 운영하는 것이 기업의 성과를 높일 수 있을 것인가라는 문제에 대한 해결책을 제시하려는 것을 주된 연구목적으로 삼아왔다.

최근에 텍사스 A&M 대학 교수인 Hitt와 그의 동료들은 이제까지의 전략적 리더십과 관련된 연구들을 종합하여 "전략적 리더십 모델"을 제시하였는데 이는 아래와 같이 6가지 구성요소로 이루어졌다.

전략적 방향(Strategic Direction)제시 : 전략적 방향을 제시하는 것은 장기적인 비전을 수립하는 것이고 이에 근거하여 조직의 내부자원과 핵심역량을 동원하는 전략적의도(Strategic Intent)를 갖는 것을 의미한다.

핵심역량(Core Competence)개발 및 유지 : 핵심역량이란 한 기업이 비교우위를 달성하는데 필요한 자원과 능력을 의미한다. 즉, 기업의 생산기술, 자금조달능력, 마케팅, R&D 등에서 타 기업이 쉽게 모방하지 못하는 그 기업만이 가지고 있는 고유한 기술과 능력이 있는가에 관한 것이다. 예를 들면, Philip Morris 회사는 타 기업이 쉽게 모방할 수 없는 독특하고 효과적인 광고전략을 사용하는 것으로 유명하다.

인적자원(Human Capital)개발 : 인적자원이 지칭하는 것은 조직구성원들의 지식과 기술이다. 즉, 조직구성원들을 가치 있는 자원으로 보는 것이다. 기업의 비교우위를 유지시켜 주는 주요한 원천이 사람이라는 사실을 깊이 인식해서 조직구성원들의 능력을 개발하고 활용하는 것이 최고경영자가 해야할 가장 중요한 역할이며 의무라는 것을 전략적 리더십 이론에서는 강조하고 있다.

유효한 기업문화 유지 : 기업문화는 조직구성원들의 대부분이 공유하는 핵심적인 가치를 의미한다. 많은 학자들이 바람직하고 효과적인 기업문화에 대하여 연구해 왔는데, Barney와 같은 경영학자들은 기업문화는 조직의 성패를 결정하는 사회적 에너지라는 표현을 사용하고 있다. 전략적 리더십을 연구하는 학자들에 따르면 CEO는 기업의 경쟁력을 제고시키기 위하여 특히, 조직구성원이나 부서간에 지식과 자원을 공유하고, 혁신과 임파워먼트를 통하여 기업가 정신을 함양시키고 인적자원개발에 중점을 두는 기업문화를 가꾸어 나가야 한다.

윤리적 경영(Ethical Practice) : 전략적 리더십 이론에서 강조하고 있는 또 하나의 CEO 리더십 요소는 기업내에서 윤리적 경영이 이루어져야 하며, 윤리적 경영이 기업문화에 완전히 정착되도록 기업의 경영시스템을 재설계해야한다는 것이다. 예를 들면, 존슨&존슨 같은 제약회사에서는 그들이 전세계에서 성공을 거두고 있는 것은 엄격한 윤리기준을 고수하는 기업문화에 근거한다고 주장하고 있다. 또한 GE의 최고 경영자은 잭웰치도 정직과 성실이 회사와 조직구성원들에게 가장 중요한 가치중의 하나라고 단언하고 있다.

전략적 통제(Strategic Control)의 확립 : 전략적 통제는 전략이 기업이 원하는 적절한 결과를 얻기 위하여 제대로 실행이 되고 있는가를 분석하고 모니터하는 것을 의미한다. 즉, 전략적 리더가 되기 위해서는 CEO가 경영전략이 올바르게 수행되기 위해서 하부조직에서 어떤 역할을 해야하는 것을 주시해야 하고, 외부환경 변화에 따라 기업이 적절하게 대응하기 위해서 유연성을 유지하고 또한 혁신을 지속적으로 추진해야 한다.

이상에서 최근에 미국을 중심으로 활발한 연구가 이루어지고 있는 『전략적 리더십』에 대하여 알아보았다. 전략적 리더십의 중요성을 감안할 때, 학계에서는 전략적 리더십에 대한 심도있는 연구가 이루어져야 하며 동시에 기업의 CEO들은 전략적 리더십을 제고시키기 위한 노력을 해야 할 것이다.

출처: 성균관대학교 경영학부 차동옥 교수

3. 서번트 리더십(servant leadership)

서번트 리더십을 직역하면 하인의 리더십이지만 국내에서는 섬김의 리더십으로 알려져 있다. 미국 학자 그린리프(Greenleaf, 1970)가 처음 주장한 이론으로 다른 사람의 요구에 귀를 기울이는 하인이 결국에는 모두를 이끄는 리더가 된다고 주장하였다. 리더는 조직구성원을 섬김의 대상으로 보아 조직의 목표를 공유하고 구성원들의 성장을 도모하여 상호간의 신뢰를 형성시켜 조직성과를 달성한다는 것이다. 즉, 리더가 조직구성원을 섬기는 자세로 그들의 성장 및 발전을 도움으로써 구성원 스스로가 조직 목표 달성에 기여하도록 만드는 리더십이다. 서번트 리더의 특성은 존중, 정직, 헌신, 희생, 솔선수범, 공감, 경청, 인내, 친절, 겸손, 타인의 욕구충족 등으로 볼 수 있다.

한 전쟁터에서의 일입니다.

부상을 입은 병사들이 까칠한 입술로 목마름을 호소하고 있었습니다.

위생병들이 비상용 수통 하나를 소대장에게 건네 주었습니다.

수통을 받아 든 소대장은 부하들을 한 번 돌아보고는 수통 꼭지에 입을 대고 물을 한 모금 마셨습니다.

그리고는 다음 병사에게 수통을 다시 주었습니다.

수통을 받아 든 병사는 물이 조금도 줄지 않은 것을 알았습니다.

소대장은 마시는 시늉만 한 것이었습니다.

그 마음을 읽은 병사는 자신도 마시는 시늉만 하고 다음 병사에게 수통을 넘겼습니다.

그렇게 전 소대원이 수통을 전달받아 물을 마셨지만, 수통에는 물이 그대로 남아 있었습니다.

그러나 그들은 목이 마르지 않았습니다.

학자들의 주장을 살펴보면, 그린리프(Greenleaf, 1970)는 서번트 리더는 조직구성원을 명령과 통제로 일관하는 자기중심적 리더가 아니라 신뢰와 믿음을 바탕으로 조직구성원을 이끄는 개방적인 가치관을 지닌 리더로 보았다. 따라서 서번트 리더십은 솔선수범하고 타인을 위한 봉사에 초점을 두며, 구성원, 고객 및 공동체를 우선으로 여기고 그들의 욕구를 만족시키기 위해 헌신하는 리더십이라고 정의하였다. 스피어스(Spears, 1995)는 서번트 리더십은 인간의 존엄성과 가치에 대한 믿음을 바탕으로 리더의 권력은 조직구성원으로부터 기인한다는 민주주의 원칙에 입각한 리더십이라고 정의하였다. 슈와르츠(Schwartz, 1991)는 서번트 리더십은 조직의 목표와 개인의 목표가 균형을 이루는 가운데 조직구성원 각자를 팀 리더의 일부로 인식하고 자율성과 공동체 의식, 주인의식을 갖도록 내재적인 의미를 부여하여 지시보다는 조언과 대화를 통하여 조직구성원의 일체화와 공감대 형성을 통하여 조직의 목표를 달성하는 리더십이라 정의하였다.

서번트 리더십의 장점은 첫째, 리더는 조직에 헌신한다. 이 리더십은 리더가 조직구성원을 지배하는 리더십 스타일에서 벗어나, 오히려 조직구성원이 스스로 자신의 역할을 적극적으로 설계하고 수행하도록 영감을 준다. 둘째, 리더는 조직구성원이 자신의 독특한 기술과 경험 등의 능력을 최대한 발휘할 수 있도록 여건조성 및 지원을 해준다.

서번트 리더십의 단점은 첫째, 리더의 권한 부족이다. 서번트 리더십은 업무에 있어서 조직의 전반적인 권한을 최소화시킨다. 따라서 관리자는 각자 지위에서 필요한 것을 제대로 요구하지 못할 수도 있다. 둘째, 업무 효율성을 감소시킬 수 있다. 즉, 서번트 리더십은 업무를 수직적 관계에서 효율적인 방식으로 처리하던 전통적 리더십에 비해 성과를 발휘기까지 비교적 시간이 많이 걸린다.

서번트 리더의 특성

☑ 인내

위기상황일수록 인간은 여러 가지 충동을 억제하기 힘들다. 이러한 상황에서 충동이 아닌 원칙에 따른 대응을 할 수 있는 인내심을 함양하는 것은 리더십의 본질이다. 서번트 리더는 그 중에서도 특히 인간관계에서의 인내와 자제를 중시하며 분노를 잘 참을 줄 아는 사람이다. 조직 구성원들은 리더가 마음대로 대해도 되는 대상이 아니다. 서번트 리더는 직원들의 존엄성을 존중하면서 감정을 앞세우지 말고 올바른 방식으로 직원들의 잘못된 부분을 지적해야 한다.

☑ 친절

친절의 사전적 의미는 '타인을 향한 관심과 이해, 격려의 표현'이다. 그리고 또 한 가지는 '타인에 대해 예의를 갖추는 것'이다. 친절을 베풀기 위해서는 관심을 표현해야 하며 예의를 갖추어야 한다. 원만한 관계는 타인을 인정하고 격려하며 예의를 갖추는 데서 비롯된다. 모든 인간의 내면에는 인정받고자 하는 욕구가 숨어있음으로 친절은 이러한 인간의 욕구를 충족시킬 수 있는 중요한 속성이다.

☑ 겸손

겸손이란 진실하고 가식이 없으며 거만하거나 뽐내지 않는 것이다. 겸손한 리더는 자신의 가치관과 도덕성에 부합하거나 옳은 일이라고 판단될 때에는 주어진 임무나 목표를 향해 강한 열정과 추진력을 보인다. 겸손한 리더는 자신에게 부족한 점을 있는 그대로 인정하고 그러한 자신의 실체를 비하하기 보다는 이를 개선하기 위해 노력하기 때문에 열등감을 갖지 않는다. 그렇기 때문에 겸손한 리더는 언제나 타인의 견해에 귀를 기울이고 반대 의견도 폭넓게 수용한다. 또한 겸손한 리더는 타인의 가치를 인정하고 스스로를 부각시키기 위해 애쓰지 않는다. 자신이 누구인지 명확히 알고 있기 때문이다.

☑ 존중

훌륭한 서번트 리더는 언제 어떤 경우든 주변 사람들을 소중한 존재로 대한다. 상대방에게 존중을 표현하는 가장 효과적인 방법은 사람들에게 어느 정도의 책임을 위임함으로써 그들의 성장과 자기계발을 돕는 것이다. 적정 수준의 위임은 당사자의 능력과 기술을 인정하고 존중한다는 의미이다. 서번트 리더에게 있어 모든 사람은 소중한 존재로 다만 직무와 책임의 차이, 그리고 그 책임의 달성 여부에 따른 시장의 보상 방식의 차이가 있을 뿐이다.

✅ 무욕

무욕이란 타인의 욕구를 충족시키는 것이다. 서번트 리더는 타인을 위해 봉사하고 희생해야 하며 우리의 기대와 욕구보다 타인들의 최선을 기꺼이 추구하겠다는 의지가 필요하다. 서번트 리더십은 타인을 고치고 변화시키는 것이 아니라 내 자신을 변화, 발전시키는 것을 의미한다. 이는 우리 집 앞마당부터 깨끗이 치울 때 비로소 아름다운 거리가 만들어지는 것과 같은 이치이다.

✅ 용서

용서의 정의는 적대감을 극복하는 것이다. 리더의 주변 사람들은 예외 없이 실수를 하게 마련이다. 그러므로 리더는 타인의 한계와 불완전함을 인정하고 인내하는 기술(습관)을 배양해야 한다. 아울러 사람들로 인해 상처받거나 낙담하면서 생겨나는 적대감을 극복하는 기술도 배워야 한다. 용서란 그릇된 행동이 낳은 결과를 당사자들과 충분히 이야기하면서 적대감을 조금씩 극복하는 과정을 말한다.

✅ 정직

정직은 속이지 않는 것이다. 정직은 신뢰를 형성하는 가장 큰 요인이다. 정직한 리더와 일하는 사람들은 자신의 행동에 대해서도 무거운 책임의식을 느낀다. 직원들에게 책임의식을 부여하는 것은 리더의 몫이다.

✅ 헌신

헌신은 선택에 충실한 것으로 정의되어 있다. 강한 의지와 헌신적인 노력 없이는 지금껏 언급한 모든 자질들이 아무 의미가 없다. 최고의 서번트 리더는 자신의 선택을 충실히 실천하기 위해 노력하는 사람이다. 서번트 리더십은 개인과 조직 모두의 지속적인 성장을 위한 헌신과 열정을 요구한다. 약속을 준수하고 시작한 일을 마무리하려는 열정, 올바른 일을 추구하고 최선의 존재가 되려는 열정, 이 모든 것들이 서번트 리더십의 필요조건이다. 팀원들을 위해 묵묵히 헌신하는 것이야말로 서번트 리더십의 본질이다. 헌신이란 올바른 길을 추구한다는 도덕적 용기가 있을 때 비로소 가능하다. 도덕적 용기란 내면의 양심에서 울려나오는 소리를 듣겠다는 의지, 생소하고 개인적인 위험을 감수하더라도 올바른 일을 하겠다는 의지를 말한다. 또한 직원들이 올바른 행동을 하는 데 걸림돌이 되는 것들을 제거해주겠다는 단호한 결의도 여기에 포함된다.

✅ 타인의 욕구 충족

서번트 리더는 타인의 욕구를 충족시킬 줄 알아야 한다. 이 때 주의할 점은 타인의 욕구와 욕망을 명백히 구분할 줄 알아야 한다는 것이다. 서번트 리더는 일종의 봉사자이다. 그러나 타인의 욕구가 아닌 욕망을 충족시키는 리더는 봉사자 보다는 노예에 가깝다. 욕구는 'Need'의 개념으로써 '인간의 진정한 행복을 위해 요구되는 물질적 또는 심리적 요구 조건'을 뜻한다. 욕구의 예는 '자아실현의 욕구', '의미와 대의를 향한 욕구', '존중 받고 싶은 욕구', '뛰어난 조직에 소속되고자 하는 욕구' 등으로 정신적 가치와 관련과 깊다. 반면 욕망은 'Want'의 개념으로써 '물질적 또는 심리적으로 특별한 중요성이 없는 단순한 바람 또는 희망'을 의미한다. 욕망의 예는 봉급, 승진, 휴가 등으로써 물질적 가치와 관련된다.

출처: https://search.naver.com

4. 감성 리더십

조직구성원의 욕구가 다양해지고 가치관이 빠르게 변함에 따라 리더는 구성원들이 느끼는 감성을 이해하고 이들과 우호적인 관계를 유지하는 것이 중요하다. 감성 리더십은 강압적으로 조직구성원을 이끄는 것이 아니라 구성원의 마음을 헤아려 공감대를 형성함으로써 호응을 얻는 리더십이다. 즉, 리더는 스스로 자신의 내면을 파악하고, 조직구성원의 감성을 이해하고 배려함과 동시에 자연스럽게 구성원들과 좋은 관계를 형성해 조직전체의 감성 역량을 높이는 능력이 있어야 한다. 이 리더십은 조직에서 화합과 인간적 감동을 만들어 내는 매우 고차원적인 리더십 방식이며, 창조적인 조직성과 창출에 기여할 수 있다.

한편, 같은 조직에서 일하는 조직구성원 간에는 불안, 시기, 행복 등의 감성이 빠르게 전이(emotional contagion)되는 특성이 있으며, 이는 조직의 성과나 분위기에 직접적인 영향을 미친다. 특히 긍정적인 감정보다 부정적인 감정이 전이가 높고 빠르다. 우리나라와 같이 근무 시간이 길고 관계지향적인 문화가 강한 환경에서는 상대방의 감정에 더 많이 노출되면서 감정이 쉽게 전염될 수 있다.

따라서 리더는 자신의 감정 표현이 조직 전체에 미치는 영향을 정확히 인식하고 리더 스스로 자신의 감정을 적절히 조절할 수 있어야 한다. 또한 리더는 조직 내 구성원들과 마음에서 우러나는 소통과 관계로 상호 신뢰와 존중하는 마음이 형성돼야 한다.

긍정적인 집단감성의 형성을 위해서는 첫째, 리더는 조직 전체의 우호적, 협조적 관계를 구축하는 것이다. 둘째, 리더는 조직구성원에게 개별적인 관심과 맞춤형 배려를 제공해 감동을 줘야 한다. 셋째, 리더는 조직구성원과의 원활한 소통을 위해 개방적인 환경조성 및 정기적인 티타임, 온라인 대화 등 다양한 소통 채널을 갖는 것이 필요하다.

5. 거래적 리더십

거래적 리더십은 리더와 조직구성원 간의 교환거래관계에 바탕을 둔 리더십이다. 리더는 할당된 업무를 효과적으로 수행할 수 있도록 조직구성원의 욕구를 파악하고 구성원들이 적절한 수준의 노력과 성과를 보이면 그에 상응하는 보상을 한다. 즉, 이 리더십은 리더가 조직구성원에게 명확한 목표와 그 목표를 달성했을 때의 보상 내용을 명확히 제시하고, 구성원들은 보상의 가치를 명확히 인식하여 성과를 달성하려고 노력하는 과정이다. 그 결과 조직구성원은 업무능력에 대한 보상을 받고, 리더는 조직의 목표 달성으로 이익을 얻는다.

거래적 리더십은 조직구성원이 규칙을 따르는 의무와 관련이 있기 때문에 리더는 변화를 촉진하기보다 조직의 안정을 유지하는 것을 중시한다. 그리고 이 리더십은 리더의 요구에 조직구성원이 순응하는 교환과정에 초점이 맞춰져있기 때문에 조직구성원이 과업목표에 대해 열의와 몰입까지는 하지 않는 것이 일반적이다.

6. 셀프 리더십

미국의 경영학자 맨즈(Manz, 1986)가 제안한 개념으로서, 자기 스스로 리더가 되어 자신을 이끌어가는 리더십을 말한다. 즉, 다른 사람에 대해 영향력을 행사하는 것이 아니라 자기 스스로 나아가야 할 방향을 설정하고 자신을 통제하면서 이끌어 가는 과정인 것이다.

슈퍼 리더십은 조직구성원이 자신을 이끌어갈 수 있도록 도와주는 리더십이라면, 셀프리더십은 자기 스스로 자신의 리더가 되어 자신을 통제하고 행동한다. 셀프 리더십은 X이론이 아닌 Y이론의 관점을 전제로 한다. 즉, 인간은 기본적으로 책임을 회피하기보다는 책임을 지려는 경향이 있고 문제해결을 위한 창의력과 자율적 통제를 위한 역량을 갖추었으며, 자아실현과 같은 고차원적인 욕구에 의해 동기부여 되는 존재라는 것이다.

따라서 셀프 리더십은 자기 관리를 포함하는 보다 상위 수준의 개념이다. 자기 관리는 행동 자체에 초점을 둔다면, 셀프 리더십은 그러한 행동을 해야 하는 근본적인 이유를 찾는 것이다.

예를 들면, 담배를 피우던 사람이 금연을 하는 행위를 자기관리 차원이라고 한다면, 셀프 리더십은 금연을 하는 이유를 찾는 것이다. 즉, 주어진 기준을 충족시키는 것에 만족하지 않고 더 높은 수준의 건강을 추구한다.

7. 슈퍼 리더십

슈퍼 리더십은 셀프리더십에서 출발한 개념으로 이 두 개념은 불가분의 관계에 있다. 셀프 리더십이 자기 스스로 자신을 이끌어 가는 과정이라면 슈퍼 리더십은 리더 육성에 초점을 두고 조직구성원이 셀프리더십을 발휘할 수 있도록 영향력을 행사하는 과정이다. 즉, 조직구성원이 셀프 리더가 될 수 있도록 그들이 보유한 잠재역량을 자극하고 개발하는데 초점을 둔 리더십이다.

리더가 슈퍼 리더십을 효과적으로 발휘하기 위해서는 우선 리더 스스로 셀프 리더십의 모델이 되어, 조직구성원이 리더를 본받아 셀프 리더십을 발휘할 수 있도록 긍정적인 사고방식을 촉진시켜야 한다. 또한 조직구성원이 스스로 목표를 설정할 수 있도록 도와주고 과업을 수행하는 과정에서도 내재적으로 동기를 갖도록 유도하는 것이 필요하다. 더 나아가 각종 지원을 통해 셀프 리더십이 조직문화로 정착될 수 있도록 하는 것 또한 리더의 몫이다.

8. 임파워링 리더십(empowering leadership)

조직구성원에게 명확한 목표, 권한, 책임, 지도를 제공해 맡은 일에 주인의식을 심어지는 리더십이다. 즉, 조직의 생명력과 기(氣)를 살려주는 리더십이다. 조직구성원이 자신의 일처럼 관심과 열성을 갖고 조직의 업무 개선과 변화에 참여할 수 있도록 기본적인 틀을 제시하고 있다는 점에서 주목받고 있다. 리더는 전통적인 관리자상인 통제자, 의사결정자, 집행자, 아이디어 창안자라기보다는 지원자, 코칭(coaching)[10], 활력 있는 분위기 촉진자의 역할을 수행한다.

[10] 1970년대에 미국의 한 기업에서 고안한 것으로, 현재보다 좀 더 발전하려는 의지를 지닌 사람과 전문가인 코치가 함께 개인의 잠재된 능력을 개발하고자 하는 프로그램의 일종이다. 코칭은 개인과 코치가 수평적 관계를 이루며 파트너로서 개인의 잠재력 성장을 도모한다는 것에서 교육자가 우월적인 위치에서 업무 지식과 경험을 개인에게 주입시키는 멘토링(mentoring)이나 컨설팅(consulting)과는 차이가 있다.

임파워링 리더십은 리더와 조직구성원간의 역할과 책임, 행동에 따른 수직적인 명령체계에서 벗어나 리더는 조직구성원에 대한 지원 등의 역할만 맡고 종전 리더의 영역에 속했던 책임과 의사결정권은 구성원에게 위임한다. 즉, 리더는 조직구성원이 효율적인 업무 수행은 물론 생산성을 향상시키기 위한 아이디어와 지식을 스스로 찾을 수 있도록 도와주는 역할을 한다.

9. 헤드십(headship)

공식적인 계층제적 직위의 권위를 근거로 하여 조직구성원을 조정하며 동작케 하는 능력을 말한다. 리더십과 헤드십은 다 같이 권위를 근거로 하나, 리더십은 개인의 권위를 근거로 하는데 비해 헤드십은 계층제적 권위에 의존하고 있다는 데 차이가 있다. 헤드십은 일방적 강제성을 그 본질로 하는 데 비해 리더십은 상호성·자발성을 그 본질로 한다.

헤드십은 조직의 고위관리자(국장, 사장)라는 공식적인 직위와 권한에 의하여 발휘되나 리더십은 그러한 직권과는 관계없이 사람 자체에 근거한 권위에 의하여 발휘된다. 보통 섬기는 리더십은 생산과 통합을 낳지만 헤드십은 갈등과 분열을 일으킨다.

1. 카리스마 리더십과 전략적 리더십을 비교·분석하세요.

구분	설명
카리스마 리더십	
전략적 리더십	
종합의견	

(전공: 학번: 성명:)

2. 셀프리더십과 슈퍼리더십을 비교·분석하세요.

구분	설 명
셀프리더십	
슈퍼리더십	
종합의견	

(전공: 학번: 성명:)

3. 서번트 리더십과 거래적 리더십을 비교·분석하세요.

구분	설명
서번트 리더십	
거래적 리더십	
종합의견	

리더십과 인성

리더십과 인성

미래적 리더십 유형

최근 급변하는 경영환경의 변화와 4차 산업혁명시대에 즈음하여 기업이 지혜롭게 대처하기 위해서는 무엇보다 리더십의 역할이 중요하다. 세계 질서의 불안정성이 커지고 있고 국내적으로도 성장, 통합, 안보의 난제가 중첩되는 어려운 시기일수록 리더십의 가치는 중요하다. 도전과 응전이라는 말을 빌리지 않더라도, 격변과 위기는 그에 부합되는 새로운 리더십을 요구한다. 리더십은 정치, 경제, 사회, 문화 등 모든 분야에 적용할 수 있으며, 리더의 리더십에 따라 조직의 성패가 좌우된다. 미래의 리더십 유형을 살펴보면 다음과 같다.

1. 홀리스틱 리더십

리더십에 대한 연구를 살펴보면 대부분 리더의 관점에서 연구하였다. 그러나 어느 한쪽의 입장만을 고집하는 이분법적 사고 프레임으로는 효과적인 리더십을 발휘하기 어렵다.

4차 산업혁명의 시대[*11], 융합과 창조의 시대가 원하는 홀리스틱 리더십(holistic leadership)은 인문학[*12]을 바탕으로 하며 조직의 전체적인 관점에서 관계성을 중시한다. 또한 지(智)·덕(德)·체(體)의 통합 인격체[*13]를 바탕으로 리더와 조직구성원 모두의 삶의 질을 높이고, 어느 한쪽으로 치우침이 없이 균형과 화합을 통해 조직 전반에 창조적인 영향력을 발휘하는 과정을 말한다.

즉, 홀리스틱 리더십은 조직구성원으로 하여금 논리적 사고와 직관에 의해 파악되는 관계, 마음과 몸과의 관계, 지식의 다양한 분야와 영역의 관계, 개인과 공동생활과의 관계, 그리고 자아와 자기와의 관계 등을 깊이 추구하는 것을 포함한다. 이는 어느 한 가지 이론 혹은 개념에만 국한하지 않고 균형, 통합, 연계라는 비유와 틀로 설명되며 공생, 상생을 추구한다.

따라서 홀리스틱 리더십은 새로운 시대의 리더에게 필수적으로 필요한 인문학적 5가지 사고(BRICS :Balance & Reception, Inclusion & Connection, Sublimation)를 강조한다.

[*11] 4차 산업혁명은 물리세계, 디지털세계, 그리고 생물 세계가 융합되어, 경제와 사회의 모든 영역에 영향을 미치게 하는 새로운 산업시대를 말한다. 1차 산업혁명의 기계화, 2차 산업혁명의 대량생산화, 3차 산업혁명의 정보화에 이은 4차 산업혁명은 물리사물인터넷(IoT), 로봇공학, 가상현실(VR) 및 인공지능(AI)과 같은 혁신적인 기술이 우리가 살고 일하는 방식을 변화시키는 현재 및 미래를 의미한다. 디지털 혁명(Digital Revolution)이라고 하는 3차 산업혁명이 일으킨 컴퓨터와 정보기술(IT)의 발전이 계속 이루어지고 있는 형태이지만 발전의 폭발성과 파괴성 때문에 3차 산업 혁명이 계속 된다고 하기 보다 새로운 시대로 여겨진다.

[*12] 인문학(人文學, humanities)은 자연과학(自然科學, natural science)의 상대적인 개념으로 주로 인간과 관련된 근원적인 문제나 사상, 문화 등을 중심적으로 연구하는 학문을 지칭한다. 자연과학이 객관적인 자연현상을 다루는 학문인 것에 반해 인문학은 인간의 가치와 관련된 제반 문제를 연구의 영역으로 삼는다. 인문과학에 대한 정의를 미국 국회법에 규정된 내용을 중심으로 정의하면, 인문학이란 언어 · 언어학 · 문학 · 역사 · 법률 · 철학 · 고고학 · 예술사 · 비평 · 예술의 이론과 실천, 그리고 인간을 내용으로 하는 학문을 포함하는 것으로 정의하고 있다.

[*13] 윤리학에서는 도덕적 행위와 주체로서, 진위 · 선악을 판단할 수 있는 능력과 자율적 의지 등을 가진 존재를 의미한다.

2. 윤리적 리더십

윤리적 리더십에 대한 정의는 각 학자들의 관점에 따라 다르게 해석된다. 윤리적 리더십은 정직, 신뢰성, 공정한 의사결정, 배려, 도덕적 행동 등 윤리적 측면의 개인적 특성과 관련이 있다.

지니(Gini, 1998)는 윤리적 리더십은 리더가 의사결정, 타인에게 영향력을 발휘하는 방식, 관여하는 행위에 있어서 어떻게 사회적 권력을 사용하는가에 초점을 두고 있다. 따라서 윤리적 리더는 조직구성원에게 윤리적 기준을 제시하고 구성원들의 적합한 행동에 대해서는 보상을 하고 부적절한 행동에 대해서는 규제를 함으로써 구성원의 사회적 학습 모델[14]이 될 수 있다고 주장하였다.

*14 반두라(A. Bandura)는 직접적인 경험을 하지 않고도 타인의 행동과 그 행동으로 말미암아 발생되는 결과를 관찰함으로써 학습이 이루어질 수 있다는 관찰 학습을 주장하였다. 상대방이 사회적 지명도가 높고, 행동 뒤의 보상이 높을 경우 학습자에게 강력한 영향력을 행사하게 된다.

브라운(Brown et al., 2005)은 윤리적 리더십은 리더의 개인적 행동과 대인 관계를 통하여 적절한 행동을 보여줌으로써 조직구성원에게 그러한 행동을 할 수 있도록 유도하는 것이라고 정의하였다.

Resick, Hanghes & Dickson(2006)은 Brown과 달리 윤리적 리더십을 사회적 학습 관점이 아니라 전통적인 철학적 윤리 이론을 토대로 해석하여 윤리적 리더십을 개인 특성, 청렴성, 윤리적 지각, 동기부여, 공동체 및 인간 중심, 격려와 권한 위임의 6가지 복합개념으로 보았으며, 격려와 권한위임을 통해 윤리적 리더십이 형성된다고 주장하였다.

따라서 학자들의 견해를 종합해보면, 윤리적 리더십이란 리더가 규범적으로 적절하고 바람직한 행동을 하면서 의사결정, 쌍방향 의사소통, 강화 등을 통해 구성원들이 적절한 행동을 하도록 촉진하는 것이다.

윤리적인 사람으로 인정받은 리더는 윤리적 리더가 어떤 사람이며 무엇을 하는지를 조직구성원에게 알려줘야 하지만, 그렇다고 조직구성원이 무엇을 어떻게 해야 하는지를 반드시 알려줘야 하는 것은 아니다. 그러나 조직구성원의 윤리수준을 향상시키고 윤리적 리더십을 함양시키기 위해서는 리더가 윤리와 가치를 자신의 리더십 어젠다(agenda)로 부각시켜 중요성을 강조하고, 조직구성원에게 그러한 메시지를 명확하게 전달해야 한다.

한편, 리더의 개인적 자질, 행태, 의사결정을 구분하여 윤리적인 사람의 특성을 제시하는 연구자들도 있다. 이들에 의하면 윤리적인 사람이 되기 위해서는 윤리적 자질을 갖추어야 하고, 윤리적으로 행동해야 하며, 윤리적 기준에 따라 의사결정 하는 사람으로 인식되어야 한다. 우선 자질 면에서는 정직, 신뢰, 고결을 지녀야 하고, 행동에서는 옳은 일을 행하고, 사람에 대한 관심을 보이고, 그들을 올바르게 대우하며, 개방적 의사소통을 하고, 일상생활에서도 도덕적 행동을 보여야 한다. 당연히 행동에서도 정직, 정의, 배려, 고결이 드러나야 한다. 그뿐만 아니라 의사결정단계에서는 윤리적 가치와 원칙에 부합하는 선택을 해야 한다. 윤리적 리더십의 5가지 원칙과 3가지 차원을 살펴보면 다음과 같다.

5가지 원칙과 3가지 차원

1. 5가지 원칙

✅ 타인에 대한 존중의 원칙

학자 칸트(immanuel kant)는 존경심을 가지고 다른 사람을 대하는 것은 우리의 의무라고 주장하였다. 이는 존경심 자체가 다른 사람을 대하는 목적이어야 하고, 어떤 목적을 위한 수단이 되어서는 안된다는 것을 의미한다. 뷰챔프 등(T.L.Beauchamp & N.E.Bowie)이 지적한 바와같이 "사람들은 그들 자신이 자율적으로 설정한 목표를 갖는 존재로서 대우를 받아야 하고, 순전히 다른 사람(리더)의 개인적 목적을 위한 수단으로서 취급되어서는 안된다."는 것이다. Burns에 따르면 리더는 추종자들이 자신들의 욕구, 가치, 목적을 이해하도록 양육하고, 리더의 욕구, 가치, 목적과 통합하도록 지원하여야 한다고 제시하고 있다.

✅ 타인에 대한 봉사의 원칙

엘른 테너는 "봉사는 내가 지구상에 사는 특권에 대해 지불해야 하는 일종의 세금이다."라고 말하였다. 봉사적인 기업은 공헌의 수행으로 구성원의 업무향상을 기하거나 정신적 지지를 기반으로 조직 구성원에 좀 더 집중도를 높이는 것은 경영효과를 바람직한 방향으로 가기 위한 지행해야 할 경영의 진로이다. 어려운 환경의 많은 대상자들을 상대로 기업이 헌신적으로 봉사하고 공헐할 때 소비자와의 신뢰 관계 형성에 기여하며 소비자와의 신뢰 관계는 기업의 운명을 결정하는 중요한 관건이다. 기업이 대한 신뢰는 소비자니즈의 몰입으로 이어지며 제품 구매의 결정에 중요한 역할을 담당한다.

✅ 공정성과 정당성의 원칙

공정성과 정당성은 윤리적인 판단을 하는 중요한 기준이 된다. 그 일이 공정한가? 정당한가? 라는 질문은 어떤 행위를 함에 있어서 제기되는 빈번한 질문일 것이다. 윤리적 리더는 공정성과 정당성에 의하여 의사 결정을 하여야 한다. 그들은 부하들을 평등하게 대우하는 것을 최우선으로 하고 있다. 정당성은 리더가 그들의 의사결정에 있어서 공정성을 핵심기준으로 할 것을 요구한다. 일반적으로 특별한 상황 요건을 제외하고는 조직에 있어서 누구도 특별한 대우를 받거나 특별한 배려를 받아서는 안된다.

✅ 정직성의 원칙

인간의 사회적 관계에 있어서 무엇보다 중요한 것은 상호 믿음으로 연결된 신뢰와 구성원들간의 상이한 의견을 조절하는 조화라고 할 수 있다. 신뢰는 모든 덕목의 기반이며 조화는 모든 존재의 공동원리가 되기 때문이다. 먼저 인간관계에 있어서 제일 중요한 것은 신뢰라고 할 수 있다. 신뢰를 상실하면 인간관계 자체가 성립될 수 없다. 경영진은 의사결정을 하는데 모든 정보를 공개하지 않는다. 대부분의 정보는 독점적이고 경쟁자에게 부당한 이익을 가져다주고 법적으로 기밀이다. 솔직함은 경영자가 모든 것을 누설해야 하는 것이 아니다. 하지만 경영자가 공개하기 부끄럽다는 이유로 사업이나 정책의 정보를 비공개하는 것은 적절하지 않다. 만약 경영자가 사업에 관한 정보를 공개하기가 부끄럽다면 그 사업은 진행되지 말아야한다.

✔ 공동이익 추구의 원칙

개인이나 기업이나 모든 거래에 있어서는 직접 간접 이득이든 서로의 공동 이익이 존재하지 않으면 거래는 성립하기 어려운 것이다. 기업조직에서 앞에서 언급한 말들이 거의 유사하게 공동의 비전으로 공동의 목표를 달성하고 거기에서 얻어지는 이익을 회사 실정에 맞게 공정 정직하게 분배해야만 조직이 유지될 수 있는 것이다.

2. 3가지 차원

✔ 인간지향

인간지향은 다른 사람들을 존엄(dignity)과 존중(respect)으로 대하고 그들을 수단이 아닌 목적으로 인식하는 것을 의미한다. 리더의 인간지향은 부하의 권리를 충분히 인정하고, 그들을 동정하고 그들의 행복에 대해 관심을 가짐으로써 표현될 수 있다. 인간지향은 윤리적 리더십의 여러 가지 요소들 가운데 본질적 가치로 인정받아 왔다. 윤리적 리더십의 대표적 정의를 내린 Brown et al.은 윤리적 리더로 인식되기 위해서는 정당하고 신뢰받을 수 있는 윤리적 역할모델이 되어야 하는데, 이러한 역학모델이 되기 위해서 리더는 부하를 배려하고 존중할 줄 알아야 한다고 했다.

✔ 사회적 책임성

사조직과는 달리 공익을 실현하고 공공서비스를 제공하는 공공조직에서 특히 강조되는 가치가 사회적 책임성이다. 이는 타인에 대한 배려를 중시하지만, 조직내 직원들에 대한 것이 아니라 조직 밖의 주민이나 사회전체에 대한 배려와 이들의 이익에 우선적 가치를 둔다는 의미에서, 위민정신과 사회에 대한 책임의식을 가장 중시하는 차원이다.

✔ 절제

공공조직에서 절제는 적어도 자제와 겸손을 포함하는 개념이 되어야 한다. 구체적으로는 자신의 권한 강화나 가시적 성과에 지나치게 집착하지 말고, 지시나 명령보다 지원과 협력하는 자세를 가지며, 부하직원에게 권한을 위임하거나 부여하고, 공직을 이용한 부당한 이득을 추구하지 않는 행위 등이 윤리적 리더가 가져야 할 절제의 내용이라고 하겠다.

출처: http://www.naver.com

3. 변혁적 리더십

변혁적 리더십이라는 용어는 미국의 정치학자 번스(Burns, 1978)가 처음 주장하였다. 리더십에 대한 기존의 이론들은 모두 조직구성원의 직무수행 결과에 대한 보상의 교환이나 처벌을 중시하고 리더와 조직구성원 간의 거래적인 관계에 초점을 맞추고 있으나, 환경변화가 급진적인 상황에서 이와 같은 당근과 채찍에 의존하는 거래적인 관계만으로는 조직구성원을 고차원적으로 동기부여 시키기가 어려운 것이 현실이다.

변혁적 리더십은 조직구성원이 주어진 환경에 순응하지 않고 변화에 능동적으로 적응하거나 또는 올바른 방향으로 한 단계 변혁하기위해 도전하는 리더십 유형이다. 따라서 변혁적 리더는 조직구성원이 자신의 신념, 가치, 욕구를 변화시킬 수 있도록 도와주고, 원대한 목표를 통해 리더와 조직구성원의 의지와 포부가 하나로 연결되도록 만드는 데 주된 관심을 보인다.

또한 거래적 리더십이 현재 조직구성원의 상태에서 협상과 교환을 통해 동기를 부여시키는 것에 중점을 두었다면, 변혁적 리더십은 조직구성원의 변화를 통해 동기를 부여하고자 하였다. 또한 거래적 리더십이 합리적인 사고와 이성에 호소한다면, 변혁적 리더십은 감정과 정서에 호소하는 측면이 더 크다.

이는 리더가 조직구성원의 사기를 고양시키기 위해 미래의 비전과 공동체적 사명감을 강조하며, 이를 통해 조직의 장기적 목표를 달성하는 것을 핵심으로 한다. 따라서 단기성과를 강조하고 보상으로 조직구성원의 동기를 유발하려는 거래적 리더십과는 다르다.

변혁적 리더십의 특징

- 변혁적 리더십은 조직구성원을 리더로 개발한다.
- 변혁적 리더십은 낮은 수준의 신체적인 필요에 대한 조직구성원의 관심을 높은 수준의 정신적인 필요로 끌어올린다.
- 변혁적 리더십은 구성원들이 본래 기대했던 것보다 더 뛰어 넘을 수 있도록 고무시킨다.
- 변혁적 리더십은 요구되는 미래 수준의 비전을 어떻게 가치 있게 만들어 변화시킬 것인가를 소통한다.

예를 들면, 이러한 변혁적 리더십은 조직합병을 주도하고, 신규부서를 만들며, 조직문화를 새로 창출해 내는 등 조직에서 변화를 주도하고 관리함으로 오늘날 급변하는 경영환경과 조직의 실정에 적합한 리더십 유형으로 인식되고 있다.

또한 리더와 팔로워는 합의된 공동목표를 추구하고 변혁적 리더는 팔로워에 대한 교육적 역할을 담당하며, 경우에 따라서는 목표와 가치를 변경하거나 이를 더욱 고차원적으로 고양시킨다.

구분	거래적 리더십	변혁적 리더십
현상	유지하기 위해 노력	변화시키기 위해 노력
목표지향성	현상과 너무 괴리되지 않는 목표 설정	이상적 목표설정
시간	단기전망	장기전망
동기부여	즉각적이고 가시적인 보상	높은 수준의 개인적 목표
문제해결	해답을 알려줌	부하들이 스스로 해결책을 찾도록 격려하거나 고무시킴
영향력 기반	규칙과 전통 의존	가치관과 감동을 통한 영향력 행사

리더십과 인성

(전공: 학번: 성명:)

1. 미래적 리더십 유형에 대하여 정리하세요.

구분	설명
홀리스틱 리더십	
윤리적 리더십	
변혁적 리더십	

리더십과 인성

리더십과 인성

리더십의 영향 요인

리더십에 영향을 미치는 영향요인을 살펴보면, 동기부여, 의사소통, 갈등관리, 의사결정, 문제해결, 팔로워십, 인간관계 등을 들 수 있다.

1. 동기부여

인간은 무엇을 하고자 하는 욕구가 일어날 때 동인이 생기며, 그 환경에서의 사물은 유인의 성질을 가진다. 이에 따라 행동으로 옮겨 목표를 달성하게 되면 욕구는 충족되고 동인은 사라진다. 이와 같은 욕구-동인-유인의 기능적 관계를 통틀어 동기부여 또는 동기유발이라고 한다. 이러한 동기부여의 개념은 심리학에서 주로 사용하지만, 조직구성원으로 하여금 자발적으로 일을 하게 하여 생산성을 높이는데 유용하므로 조직이론에서 중요시되고 있다.

동기부여에 관한 이론은 크게 내용이론과 과정이론, 그리고 보강이론의 세 범주로 나누어 볼 수 있다. 내용이론은 인간의 어떠한 욕구가 동기를 부여시킬 수 있는가? 그 내용에 초점을 맞춘 이론이고, 과정이론은 사람들이 스스로 일하려는 동기부여가 어떠한 과정을 거쳐 이루어지는가?에 초점을 맞춘 이론이며, 보강이론은 조직구성원의 특정한 행동이 왜 지속되는지?에 대하여 설명해 주는 이론이다.

내용이론의 대표적인 것으로는 매슬로(A. Maslow)의 욕구단계 이론[*15]을 비롯하여 맥그리거(McGregor)의 X 이론·Y 이론, 허즈버그(F. Herzberg)의 2요인 이론, 앨더퍼(Alderfer)의 ERG이론을 들 수 있고, 과정이론으로는 브룸(V. Vroom)의 선호-기대이론, 애덤스(J. S. Adams)의 공정성 이론, 롤러(E. Lawler)의 업적·만족이론 등을 들 수 있다.

따라서 현대조직에 있어서 CEO의 최대 관심사 중 하나는 조직 내의 각 개인을 어떤 인간관에 입각해서 보아야 하며, 또한 조직구성원을 어떻게 동기부여 할 것인가에 관심이 크다. 조직의 목표를 달성하기 위해서는 조직구성원의 성과를 극대화하여야 하고, 이를 위해서는 구성원들이 자발적으로 발휘하고자 하는 동기 유발이 필수적이며 중요한 요소로 작용한다.

*15 ① 생리적 욕구 : 생명을 유지하기 위해 최소한으로 필요한 음식·물·수면·산소 그리고 배설 등의 욕구를 말한다.
② 안정과 안전의 욕구 : 신체의 안전과 동시에 심리적으로 협박당하거나 사회적으로 협박당하는 것을 피하려는 욕구를 말한다.
③ 사회적 욕구 : 좋아하고 사랑하고자 하는 욕구와 사랑 받고자 하는 욕구, 집단과 그 집단의 일원이 되고자 하는 욕구, 요컨대 다른 사람들과 따뜻한 인간관계를 맺고자 하는 욕구를 말한다.
④ 인정·자존의 욕구 : 사람들로부터 인정받고 존경받고자 하는 욕구 또한 자기 자신을 존경하고자 하는 욕구를 말한다.
⑤ 자기실현의 욕구 : 자신이 마음먹은 대로 자신을 실현하고자 하는 욕구, 즉 자신의 가치관을 충실히 실현시키려는 욕구를 말한다.

SELF DEVELOPMENT

2. 의사소통

리더가 조직구성원에게 영향력행사, 정보전달, 목표제시 등을 할 때에는 의사소통을 통해 이루어진다. 기업은 조직의 목표를 달성하기 위한 협동체제이기 때문에 원활한 의사소통은 조직의 필수불가결한 요건이다. 조직에서 구성원들이 수행하는 역할은 서로 다르지만 그 역할들은 조직의 목표달성을 위한 상호관련 된 활동이다. 따라서 항상 이런 활동을 통합하고 조정해야 하는데, 이러한 통합과 조정은 의사소통 없이는 불가능하다.

특히 과업이 단순하고 처리해야 할 일이 복잡하지 않았던 과거에는 이처럼 수직적이고 중앙집권적인 리더십이 효과적이었다. 그러나 사회가 복잡해지면서 혼자 결정할 수 있는 단순한 일보다는 많은 사람들의 아이디어가 모일 때 최선의 선택이 가능한 경우가 많아

져, 더 이상 독불장군식 리더십은 효과를 발휘할 수 없게 되었다.

일반적으로 조직에서 이루어지는 의사소통은 수직적 의사소통과 수평적 의사소통으로 나누고, 수직적 의사소통은 다시 하향적 의사소통과 상향적 의사소통의 나눈다. 하향적 의사소통은 상급자가 하급자에게 일방적으로 하는 의사소통 형태로 대부분의 조직에서 가장 많이 이용된다. 상향적 의사소통은 조직이 개방적인 의사소통 분위기와 적절한 의사소통의 경로가 마련되고 감정적인 거리감이 없을 때에만 가능하다.

수평적 의사소통은 개인 간 또는 부서 간의 수평적 관계에서 형성되는 것으로 하향적 의사소통에서 생기는 결함을 극복하고 서로 협력을 통한 시너지 효과를 창출하는데 효과적이다.

의사소통은 첫째, 조직에서 의사소통을 통해 조직구성원에게 업무지시 등 정보가 전달되며, 이것은 구성원의 행동을 통제하는 역할을 한다. 둘째, 조직구성원의 동기를 촉진하는 역할을 한다. 구성원들이 무엇을 해야 하는지, 자신의 직무성과를 향상시키기 위해서는 어떻게 해야 하는지를 알려준다. 셋째, 조직구성원은 의사소통을 통해 자신의 생각이나 감정을 표출하고, 다른 사람들과 교류의 폭을 넓혀 나간다. 넷째, 의사소통은 개인이나 집단 간 정보를 서로 교환함으로써 업무효율성을 높이고 CEO에게 여러 대안과 필요한 정보를 제공해 주어 의사결정을 원활하게 한다.

의사소통은 리더가 효과적인 리더십을 발휘하여 조직의 목표를 달성하는데 큰 영향을 미친다. 또한 리더십에 대한 조직구성원의 수용은 의사소통을 통해 이루어진다. 리더가 아무리 능력이 있더라도 조직구성원이 리더의 의견을 잘 이해하지 못하고 따르지 않는다면 리더십은 효과적으로 발휘될 수 없다. 리더가 조직구성원의 실제 상황과 기대를 잘 이해하려면 수평적이면서 쌍방향적인 의사소통이 필수적이다. 그런데 많은 리더들이 본인은 소통을 잘 하고 있다고 생각하지만 사실은 일방적인 메시지 전달에 그치는 경우가 대부분이다.

따라서 리더는 소통의 방향과 다양한 대안을 열린 마음으로 수용하는 자세를 가져야만 조직구성원의 만족을 이끌어낼 수 있고 결과적으로 가장 합리적인 최선의 결정을 할 수 있다. 또한 리더가 효과적인 리더십을 발휘하여 조직의 목표를 달성하기 위해서는 무엇보다 의사소통이 중요하다.

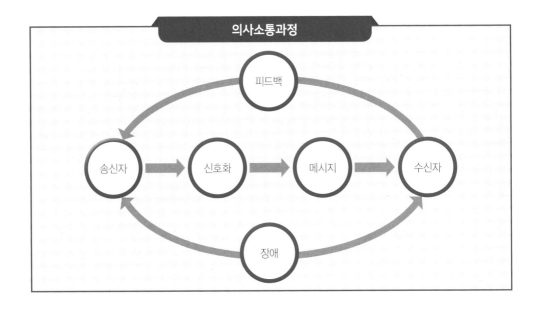

3. 변화관리

변화 관리란 기업에서 일어나는 중대한 상황이나 문제를 조직성과가 향상되는 방향으로 변화하도록 관리하는 혁신 활동이다.

최근의 경영환경은 갈수록 경쟁이 치열해 지고 있다. 최근 기업이 직면한 변화는 기존의 시스템 내에서 부분적으로 변화하는 점진적 변화가 아니라, 기존의 시스템 자체에 대한 변화를 포함하는 변혁적 변화이다. 그 빈도나 강도에 있어서도 과거에 비해 훨씬 더 높은 수준으로 일어나고 있다. 기업이 지속성장을 하기 위해서는 경쟁사에 비해 더 빠르고 더 효과적으로 환경변화에 대응해 조직을 변화시켜야 한다. 따라서 성공을 원하는 기업은 체계적인 변화관리 프로세스를 가지고 있어야 한다.

변화관리는 단기적인 해결이 아니라 장기적으로 조직구성원의 변화를 유도해내야 하는 지속적인 과정이다. 대·내외적인 환경변화로 인해 고객의 욕구변화, 경쟁의 심화, 정보기술의 발달, 구성원의 욕구 변화 등과 같은 변화요인이 생기면 기업은 경쟁 우위를 확보하기 위해 조직의 전략, 구조, 시스템, 그리고 문화를 바꾸어야 한다. 이 때 중요한 것은 조직의 구성요소는 상호 조화를 이루며 유기적으로 연결돼있기 때문에 조직의 구성요소를 변화된 경영환경의 특성과 적합한 방향으로 통합해 상호 조화를 이루도록 하는 것이다. 따라서 하나의 구성요소가 변화하게 되면 다른 구성요소와 불균형 상태에 이르게 된다. 이같이 하나의 구성요소에서 변화가 다른 구성요소들의 균형을 파괴하는 파급효과를 관리하는 것이 변화관리에서 가장 중요한 과제이다.

그러나 변화관리는 전체적인 균형을 잡는 것은 고정된 관계에서 이뤄지는 것이 아니라 마치 모빌(mobile)에서와 같이 상호 동태적(動態的, dynamic)[*16]으로 연결되어 있는 관계에서 이뤄진다. 따라서 변화관리는 변화의 역동성을 관리하는 것이 무엇보다 중요하다. 이러한 점에서 변화관리는 과거에 리더들이 다뤄온 경영과제와 다르기 때문에 많은 리더들이 이를 수행하는데 어려움을 겪고 있다.

[*16] 기업경영은 정지하고 있는 것이 아니라 환경의 변화에 적응하여 항상 움직이고 있는 것이므로 정태적으로 파악할 것이 아니라 동태적인 경영체로 파악하여야 한다. 즉, 기업을 개방 유기체(open system)적인 관점으로 보기 때문에 기업은 외부 환경과 끊임없이 상호작용해야한다.

성공적인 변화관리를 위해서는 리더는 모든 조직구성원이 의사소통을 통해 조직의 다양한 부분이 어떻게 상호 작용하는지에 대한 인식을 공유하게 하고, 새로운 균형이 모든 부분에 공통적으로 적용될 것이라는 믿음을 갖게 하여 변화에 대한 주도적 역할을 부여하는 것이 중요하다. 조직구성원이 스스로 생각하여 행동하는 방식으로 변화하게 함으로써 조직의 변화프로그램에 몰입하게 되고 성공적인 변화가 이루어진다. 이러한 변화는 조직의 전략, 구조, 시스템, 그리고 문화가 한 방향으로 정렬되어 상호 유기적으로 연결되어 전체적인 균형을 이룰 때 가능하다고 볼 수 있다.

4. 갈등관리

기업 조직은 공통된 목표를 달성하기 위하여 유·무형의 자원을 투입하고 전환시켜 산출하는 과정을 거쳐 이루는 하나의 체제이다. 조직을 이끄는 리더는 필연적으로 조직구성원 간 또는 리더와 구성원 간의 갈등을 수없이 겪는다. 조직구성원도 공식적 직무를 수행하는 과정에서 또는 비공식적 인간관계 등에서 흔히 갈등을 경험한다. 전통적 관점에서의 갈등은 일어나지 않는 것이 바람직하다고 보았으나 현대적 관점에서의 갈등은 갈수록 이해관계가 복잡해지는 경영환경에서 불가피하다고 보는 견해가 지배적이다. 아무리 공동의 목표를 달성하기 위한 조직이라도 더 높은 생산성과 효율성을 위한 갈등은 생길 수밖에 없다. 조직의 리더로서 갈등을 중재하거나 해결할 실마리를 찾아내는 일은 감정의 소비를 동반하기에 심리적인 불안감과 위축을 일으킬 수 있다.

갈등을 관리하는 것은 매우 복잡한 일이다. 특히 조직과 같이 유기적인 관계로 얽혀있는 경우, 더더욱 복잡하다. 갈등은 부정적인 면과 긍정적인 면을 동시에 지니고 있기 때문이다. 갈등은 매우 다양한 형태로 공식적·비공식적으로 다가오기 때문에 갈등관리 전략을 실행하는 방법 또한 매우 다양하다. 하지만 그런 심리적 변화로 인해 리더가 방향을 잃고 무너진다면, 다양한 조직구성원이 함께하는 조직의 성과는 일관된 사람들이 함께하는 조직보다 못할 것이다. 그렇기 때문에 시장변화에 능동적으로 대응할 수 있도록 조직의 리더는 특별히 인내심과 스트레스 내성이 강해야 할 것이다.

갈등은 조직 내에서 부정적인 영향만을 주는 것이 아니라 창의적인 직무 수행이나 민주적인 의사결정 그리고 다양한 시각으로 조직을 바라볼 수 있게 하는 등의 긍정적인 영향을 주기도 한다. 즉, 적당한 갈등(자극)이 있어야 조직은 보다 올바른 방향으로 발전된다는 시각 역시 간과해서는 안 된다. 따라서 부정적인 영향을 줄이고, 긍정적인 기능을 발휘할 수 있도록 갈등을 관리하는 것이 필요하다. 갈등관리[*17]는 순응, 통합, 타협, 회피, 지배라는 다섯 가지 유형으로 분류하며 이 유형에 따라 조직에 미치는 갈등의 영향이 달라질 수 있다. 즉, 현대에는 갈등을 어떻게 해결하고 관리할 것인가에 초점이 맞춰지고 있다. 이에 갈등을 해소하기 위해서는 기업이 처해 있는 상황 및 갈등원인에 따라 적합한 방법을 선택하는 것이 중요하다.

*17 타인에 대한 관심과 자신에 대한 관심이 모두 낮은 회피(avoiding)를 가장 비효과적인 갈등 관리 유형으로 인식하는 반면에, 타인에 대한 관심과 자신에 대한 관심이 모두 높은 통합(integrating)을 가장 효과적인 갈등 유형으로 인식하며, 그 중간에 위치하는 타협(compromising)의 효과성을 보통으로 인식한다.

리더는 조직 내에 존재하는 갈등을 효과적으로 관리하려는 노력이 없다면 갈등은 역기능적 요소로 작용할 것이다. 이런 의미에서 갈등의 기능적 관점에서도 조직 내 갈등 발생을 최소화하고 갈등을 제거하는 과정에서 긍정적인 효과를 최대화하려는 목적으로 갈등관리의 중요성을 강조하고 있다. 조직의 갈등 관리는 개인 차원의 문제가 아니라 조직 차원의 성패와 결부된다는 것은 현대의 경영자들에게 중요한 과제가 되고 있다.

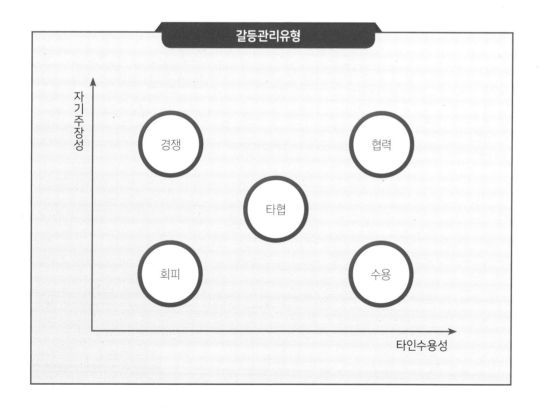

갈등관리유형

자기주장성

경쟁

협력

타협

회피

수용

타인수용성

5. 의사결정

대부분의 사람들은 의사결정을 할 때 경제적 합리성 모델을 바탕으로 한다. 인간은 최소의 투입(비용)으로 최대의 효과(산출)를 얻으려는 방향으로 행동한다. 대학생들 직업을 선택할때를 생각해보자. 여러 가지 선택 가능한 직업 중에서 자신이 투자(시간, 노력, 정열, 비용)한 것을 최대한 보상받을 수 있는 직업을 선택한다는 것이다. 이것은 단지 경제적인 보수뿐만 아니라 지위나, 명예, 성취, 보람 등 개인의 가치를 만족시키는 모든 것을 포함한다.

의사결정은 리더가 조직의 운영정책 및 주요 계획의 목표를 달성할 수 있는 대안 가운데서 가장 바람직한 행동경로를 선택하는 과정을 말한다. 즉, 개인이나 조직이 주어진 문제를 해결하기 위하여 가능한 여러 대안을 모색하고 그 중 가장 합리적이고 효과적으로 목표를 달성할 수 있는 한 가지 방안을 선택·결정하는 것을 말한다.

우리는 어떤 결정을 할 때 정보를 수집해서 활용한다. 나름대로 최선의 선택을 하기 위해서는 먼저 자신이 경험한 기억을 더듬어 활용하거나 타인의 조언을 듣기도하고 인터넷 등을 통해 추가 정보를 탐색하기도 한다. 하지만 그것이 최선의 선택이었는지는 실행 후 결과를 보지 않고는 알 수 없는 일이다. 다만 의사결정 시점에서 나름대로 여러 가지 방법을 강구해서 좀 더 합리적인 의사결정을 해야지만 자신이 원하는 목표를 달성하거나 시행착오를 줄일 수 있다. 그럼에도 불구하고 우리는 지금 매 순간마다 최선의 선택을 하기 위해 어떤 노력을 하고 있는지 스스로에게 자문해 보아야 한다. 이러한 문제의식이 있어야 다음번에는 좀 더 나은 의사결정을 할 수 있다.

그렇다면 의사결정에서 가장 중요한 요인은 무엇일까? 우리의 삶은 연습이 없다. 살아보다가 아닌 것 같으면 다시 돌아갈 수 없는 것이 인생이다. 따라서 한번 선택이나 결정을 할 때 후회하지 않도록 합리적이고 현명한 결정을 하려면 여러 가지를 고려하여 매순간 최선의 노력을 경주해야 한다.

따라서 리더는 의사결정에서 가장 중요한 것은 자기 자신에 대한 이해 및 조직이 처해

있는 환경과 상황에 대한 이해를 바탕으로 필요한 정보를 수집·분석하여 활용하는 지혜가 필요하다. 즉, 과학적, 체계적인 방법으로 의사결정[18]을 하는 것이 바람직하다. 대부분 합리적인 의사결정이 바람직하지만 사안에 따라서 직관적인 느낌이나 통찰력을 바탕으로 결정하는 것도 효과적이다. 실질적으로 기업에서는 합리적, 직관적, 의존적 방법을 적절히 혼용하여 결정하는 것이 일반적이다.

[18] 1. 문제 인식 : 의사결정에 앞서서 문제에 대한 올바른 인식과 정의가 필수적이고, 문제의 유형을 파악하는 절차가 중요하다.
2. 의사결정의 기준 설정 : 문제의 해결방안을 발굴해서 비교, 평가하기 전에 일정한 평가기준을 마련해야 한다. 그 평가기준은 조직의 비전이나 사명과 관련된 조직의 방향성이다.
3. 대안 개발 : 문제에 대한 올바른 정의와 대안을 평가할 수 있는 기준이 마련되면 실제로 문제를 해결할 수 있는 여러 대안을 개발해야 한다. 가능한 많은 대안들을 개발하여 그 중에서 최적의 대안을 선택하는 것이 중요하다.
4. 대안 평가 : 앞에서 개발안 여러 대안들 중 최적의 대안을 선택할 때 고려할 사항은 그 대안이 조직의 가용자원 내에서 실현가능한가와 문제를 해결하는데 얼마나 도움을 줄 수 있는지에 있다.
5. 최적 대안 선택 : 발굴된 대안들에 대한 충분한 검토를 거친 후 최적대안을 선택해야 한다.
6. 대안 실행 : 최적 대안이 잘 실행되려면 관련자들의 적극적인 협조와 참여가 요구된다. 따라서 의사결정과정에서 부터 이들을 참여시키는 것이 바람직하다.
7. 피드백 : 모든 의사결정의 과정을 거친 후 대안을 실행했다면, 반드시 피드백을 거쳐야 한다. 그 성과를 단기간 내에 파악하기는 어려운 문제가 있을 수 있지만 피드백을 통해서 다음 비슷한 문제의 의사결정과정에서 문제파악의 핵심을 쉽게 관찰할 수 있고, 조직의 규모 있는 성장을 꾀할 수 있다.

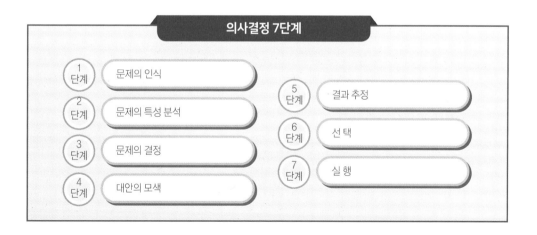

6. 창의적인 문제해결

리더십의 효과성을 의사결정에 초점을 두고 전개한 이론으로는 브룸(Vroom, 1964)과 예턴(Yetton, 1973)에 의해 제시되었으며, 리더십의 상황이론 중의 하나이다.

브룸은 조직에서 리더가 상황에 따라 조직구성원을 의사결정 과정에 참여시키는 것이 필요하다는 것을 인식할 때 리더십의 효과성은 높아진다고 강조하였다.

이 이론의 특징은 리더를 의사결정자로 보고 조직구성원을 이끄는 행동도 의사결정의 문제로 간주하였다. 즉, 지도자가 의사결정을 함에 있어서 상황에 따라 얼마만큼 조직구성원들을 의사결정 과정에 참여시켜야 적절하며, 문제해결을 위해서는 어떠한 방향을 제시하여야 효과적일 수가 있는가를 핵심으로 한 이론이다.

최근에 기업의 경영환경이 급변하면서 과거에 경험하지 못한 새로운 문제와 기회가 수없이 발생하고 있지만 과거의 해결방식으로는 한계에 부딪히고 있다. 이제는 특정부문의 문제라는 인식을 탈피하고 기업의 모든 임직원들이 각 영역에서 이들 문제를 스스로 찾아내서 해결해야 한다. 이에 기업에서는 창의적인 문제해결 능력을 갖춘 인재를 찾고 있으나 상대적으로 그러한 능력을 갖춘 인재는 부족한 실정이다. 이러한 요구는 비단 기업뿐만 아니라 개인과 사회와도 직결되는 문제이다. 개인, 기업, 정부에서는 지금 이 순간에도 수많은 연속적인 문제가 발생하고 있으며, 이러한 문제를 적기에 해결하지 못하면 감당하기 힘든 상황으로 확산될 수 있다.

앞으로 우리가 살고 있는 사회가 어떤 모습으로 변화할지 예측하기 어렵다. 그러나 미래 사회는 더욱 빠르게 변화하고, 더욱 지능화되고, 더욱 융합화 될 것은 자명하다. 이같이 사회가 빠르게 변화함에 따라 기업의 경영환경도 급격하게 변화하고 있다. 이런 급변하는 경영환경 속에서 기업이 지속적인 성장을 하기 위해서는 혁신을 해야 하는 데, 혁신의 핵심 동력은 성찰을 바탕으로 한 창의적인 문제해결능력이다. 따라서 문제해결능력이란 업무를 수행함에 있어 문제 상황이 발생했을 경우, 창조적이고 논리적이고 비판적인 사고를 통하여 이를 올바르게 인식하고 적절하게 해결하는 능력이라고 정의할 수 있다.

개인, 기업, 정부에서 해결해야 하는 수많은 문제들은 비교적 결정이 쉬운 일상적인 문제와 결정이 어렵고 위험성이 큰 중요하고 복잡한 전략적인 문제로 나뉜다. 일상적인 문제는 문제의 특성이 전략적인 문제보다 상대적으로 간단하고 구조화되어 있어서 해결하기가 쉬운 반면, 전략적인 문제는 복잡하고 위험도 잠재되어 있고 해결하는 절차가 비구조화 되어 있기 때문에 해결하기가 쉽지 않다. 전략적인 문제는 개인, 기업, 정부의 경쟁력에 큰 영향을 주는 중요한 문제이기 때문에 사람들의 문제해결과 의사결정 능력을 필요로 하고 있다. 따라서 각 주체들은 전략적인 문제들을 찾아내고 분석하고 해결할 수 있는 문제해결 능력을 갖추어야 한다.

기업도 지속적인 성장을 하기 위해서는 판매관리, 서비스관리, 고객주문관리, 원부자재관리, 고객불만 해결 등과 같은 일상적인 문제부터 신제품개발, 해외시장 진출, 공장신축, 정보시스템 구축 등과 같은 중요한 전략적인 문제를 해결해야 한다.

정부도 국가를 효율적으로 운영하기 위해서는 예산관리, 행정서비스관리, 행정서비스 불만 해결 등과 같은 일상적인 문제부터 예산편성, 외교문제, 부동산정책, 교육정책, 국방시스템, 산업인프라 건설, 북한 핵문제, 연금제도 등과 같은 중요한 전략적인 문제를 해결해야 한다.

따라서 이들 주체들이 이러한 크고 작은 문제를 어떻게 해결하느냐에 따라서 경쟁력이 달라진다. 창의적인 문제해결 능력은 개인, 기업, 정부 경쟁력의 핵심이다.

앞에서 언급했듯이 각 주체들은 급변하는 경영환경 속에서 발생되는 문제를 해결하고 숨어있는 문제와 새로운 기회를 찾아야한다. 또한 수집된 정보를 과학적으로 분석하여 창의적인 대안을 찾고 예상되는 결과와 위험을 정확하게 추정해야 한다. 이처럼 발생된 문제를 해결하고 새로운 기회를 찾아 효율적으로 추진해서 새로운 가치를 창출하는 능력을 창의적인 문제해결 능력이라 할 수 있다.

- 과거에 비해 문제해결의 중요성이 더욱 커지고 있다.
- 과거에 경험하지 못한 새로운 문제해결이 많아지고 있다.
- 과거에 비해 문제해결의 위험성과 불확실성이 더욱 커지고 있다
- 과거에 비해 이해당사자들이 많고 애해관계가 복잡해져 문제해결이 어렵다.
- 문제해결을 하는데 과거의 방식으로는 한계가 있어 창의성이 더욱 강조되고 있다.

따라서 기업에서 발생되는 문제를 해결하고 지속적인 성장을 하기 위해서는 리더는 물론 구성원들이 전문성, 합리성, 창의성, 능동성을 바탕으로 한 창의적인 문제해결 능력을 갖춰야 한다.

7. 팔로워십(Followership)

팔로워십은 리더십과 상대적 개념이다. 리더십은 리더가 조직구성원에게 영향력을 행사하는 능력으로 정의한다. 반면, 팔로워십은 구성원으로서 리더가 발휘하는 바람직한 특성과 행동을 수용하는 주체이다. 팔로워(Follower)는 단순히 리더를 무조건적으로 따르는 추종자로서의 개념이 아니며, 성공하는 조직에서는 리더와 팔로워는 협력관계에 있는 파트너이고 동반자여야 한다.

 따라서 리더 자질 못지않게 리더를 좀 더 리더답게 만들 수 있는 팔로워의 역할이 중요하다. 팔로워십은 원래 기업 등 수직적인 조직에서 리더에 대해 조직구성원이 따르는 방식으로 출발했으며, 최근에는 사회적으로 의미가 확대돼 법질서와 합의 권위에 대한 존중 등을 포괄하고 있다.

 리더는 조직구성원이 조직의 목표달성에 필요한 역량을 구비하고 조직의 권위와 규범에 따라 주어진 과업과 각자의 역할을 할 수 있도록 해야 한다. 왜냐하면 아무리 유능한 리더라 하더라도 그를 뒷받침해주는 팔로워가 없다면 조직의 목적을 달성하기 어렵기 때문에 리더와 팔로워 간의 조화가 조직의 목표 달성을 위한 가장 중요한 요소이다.

 리더십과 팔로워십은 대립되는 것이 아니기 때문에 수동적인 개념에서 벗어나 조직의 목표달성을 위해 적극적인 태도와 책임의식을 가지고 업무에 임해야 한다. 수직관계가 아닌 평등관계를 유지하며 팔로워는 전문성, 혁신적인아이디어, 충성도 등을 통해 리더에게 영향력을 행사할 수 있다. 팔로워는 목적을 달성하기 위해 지위와 상관없이 활동하며 적극적으로 참여하고 노력해야 한다.

 리더십와 팔로워십은 상호의존적인 관계로 팔로워는 가장 먼저 리더에게 지원이 될 수 있는 존재가 되어야 하며, 리더와 신뢰를 쌓아 좋은 관계를 유지하여야 한다. 리더에 대한 리더십 평가와 동시에 팔로워십 평가도 이루어져야 한다.

예를 들면, 리더와 파로워의 상호관계에 관한 연구에서 리더의 행동이 팔로워의 능력, 동기, 역할, 지각, 환경요인의 매개변수를 통해 팔로워의 성과에 영향을 미치는 것으로 나타났다. 모든 조직은 실제로 리더의 수보다 팔로워의 수가 훨씬 더 많다. 따라서 비효과적인 리더보다 비효과적인 팔로워가 조직의 성공에 더 큰 장애요소가 될 수 있기 때문에 조직의 목표를 달성하기 위해서는 리더십 과정에서 팔로워의 역할이 매우 중요하다. 이러한 팔로워의 역할을 보면 다음과 같다.

 팔로워(follower)의 역할

첫째, 소신과 주인의식을 가지고 리더의 목표나 행위를 비판적으로 검토하되 일단 옳다고 판단되면 그 목표의 달성을 위하여 총력을 다해 보좌해야 한다. 그러나 리더의 목표나 행위가 잘못으로 판단되면 올바른 방향으로 나아가도록 조언하고, 견제하는 동반자로서의 역할을 수행해야 한다.

둘째, 팔로워는 리더에게 자신의 마음을 주어야 한다. 이는 리더는 팔로워의 마음을 얻을 수 있어야 함을 의미한다. 필로워와 리더는 서로 마음을 열고 함께하는 파트너십의 관계에 있는 것이다.

셋째, 팔로워는 리더에게 이끌려가는 사람이 아니라 리더를 인도해간다는 생각, 리더와 함께한다는 생각, 보좌한다는 생각을 가지고 있어야 한다. 따라서 부하는 상사의 조력자로서 상사를 지원하고 보좌하며 상사를 잘 관리하는 능력을 지녀야 한다.

넷째, 팔로워는 리더의 리더십을 끌어내고, 리더의 목표의식과 의욕을 고취시켜 주어야 한다.

다섯째, 팔로워는 리더에게 아부나 아첨보다는 격려와 용기를 북돋워주어야 한다.

팔로워의 역할에 관한 연구에서는 팔로워의 개인적 특성이 팔로워의 초기 행동에 결정적인 요인으로 나타났다. 또한 팔로워의 심리적 요인도 리더와 팔로워의 관계를 설명해주는 주요 요인으로 팔로워는 각각 다른 요구와 태도를 가지고 리더십 과정에 참여하고 있음을 확인하였다. 또한 팔로워의 성과는 리더가 팔로워에 대한 배려에 의해 영향을 미치며, 팔로워의 낮은 성과는 팔로워에 대한 비판이나 징계 같은 리더의 행동에 의해 영향을 받는 것으로 나타났다. 특히 팔로워는 그들의 요구가 충족되면 긍정적인 태도를 취하며, 리더에게 호의적인 태도를 가진 팔로워는 리더가 지향하는 목표에 적극적으로 참여하게 된다.

8. 인간관계

21C는 경영의 3요소 중 가장 핵심이 되는 것은 인적자원[*19]을 관리하는 경영 활동이다. 따라서 현대 기업은 인적자원의 확보와 육성에 초점이 맞춰져 있다. 어느 때 보다도 인적자원의 중요성이 부각되고 있는 시점에서 조직운영의 윤활유 역할을 하는 것이 인간관계 관리일 것이다. 현대에는 경영의 성공 요소가 지능보다는 감성, 즉 인간적 관계가 무엇보다 중요하다고 볼 수 있다.

인간관계론이 탄생하게 된 배경은 산업혁명 이후 생산과 관리의 과학화를 통해 절약과 능률을 추구한 테일러의 과학적 관리법에서 찾을 수 있다. 이로 인해 주먹구구식 관리는 사라지게 되었고 과학적이고 합리적인 방법이 도입되면서 기업의 생산성은 크게 향상되고

---

*19 현대 조직이 보유한 가장 중요한 자원인 인력을 관리하는 경영 활동이다. 과거에는 '인사 관리(personnel management)' 라는 용어를 사용하다가 인적 자원의 가치가 상승하면서 인적 자원 관리로 대치되는 추세에 있다. 조직의 목표달성을 위해 미래 인적자원 수요 예측을 바탕으로 인적자원을 확보·개발·배치·평가하는 일련의 업무를 의미한다. 구성원들이 조직의 목적과 그들의 능력에 맞게 활용되고 그에 걸맞은 물리적, 심리적 보상과 더불어 실질적으로 조직의 구성원들의 발탁, 개발 그리고 활용의 문제뿐만 아니라 구성원들의 조직과의 관계 및 능률을 다루기도 한다.
구체적으로는 HRP(Human Resource Planning : 인적자원계획), HRD(Human Resource Development : 인적자원개발), HRU(Human Resource Utilization : 인적자원활용)라는 3가지 측면으로 성립되어 있지만, 채용·선발·배치부터 조직설계·역량개발·노경관계까지를 포괄하는 광범위한 활동에 있어 종래의 인사관리의 틀을 넘어선 보다 포괄적인 개념으로 주목받고 있다. 또한 현대의 인적자원 관리는 구성원존중과 조직발전이 조직의 목표달성과 동시에 이루어질 수 있도록 초점을 두고 접근하는 경향이 크게 대두되고 있다.

조직구성원은 충분한 경제적 보상을 받았다. 그러나 이러한 과학적 관리는 조직의 인간적인 측면을 무시함으로써 조직구성원의 욕구불만과 능률 저하를 초래하였고 경영자와 적대적인 마찰을 가져오게 되었다. 이러한 문제점을 해결하기 위해 메이요(Mayo)는 호손실험을 실시하였다. 이 실험을 통해 임금·노동시간 등의 노동조건과 조명·환기 같은 물적 조건뿐만 아니라 오히려 구성원의 태도라든가 아니면 감정적 측면이 보다 더 작업능률에 영향을 미친다는 것을 발견하였다. 즉, 심리적인 요인도 중요하다는 것을 발견하였다. 호손실험[20]은 1924년조명실험 – 1927년계전기 조립실험 – 1928년면접실험 – 1931년배전기권선실험 순으로 진행하였다.

[20] E. Mayo 등 하버드대학의 경영학과 교수들 이 미국의 Western Electric 회사 Hawthorne 공장에서 1927년부터 1932년까지 4차에 걸쳐 수행한 일련의 실험으로, 이 실험에 의해 인간관계론의 이론적 틀이 마련되었다. 호손실험은 당초 과학적 관리론의 바탕 위에서 작업장의 조명, 휴식시간 등 물리적·육체적 작업조건과 물질적 보상방법의 변화가 근로자의 동기유발과 노동생산성에 미치는 영향을 분석하기 위해 설계되었으나, 실험의 결과는 종업원의 생산성이 작업조건보다는 비공식집단의 압력 등 사회적 요인에 의해 더 많은 영향을 받는다는 사실을 발견하게 되었다.

과학적 관리법은 원리원칙을 중요시하며, 과학적인 조직운영을 강조한 반면, 인간관계론은 생산의 능률을 높이기 위해서는 조직 구성원간의 원만한 인간관계가 중요하다고 강조하였다.

또한 호손실험 결과 기업의 목표달성정도는 조직구성원의 사기에 의하여 크게 영향을 받는다는 점이 밝혀진 이래 사기앙양 요인으로서 비공식집단(informal group)의 중요성이 주목을 받게 되었다. 그리하여 직장의 인간관계에 유의하며 종업원의 사기를 높이고 그들의 자발적인 협력을 확보하기 위한 여러 방책이 강구되기에 이르렀다.

따라서 리더십은 조직의 목표를 가장 효율적으로 달성할 수 있는 최적의 리더십의 형태가 어떤 것이며 이것을 입증할 수 있는 심리적 근거를 토대로 인간관계론적 관점에서 살펴볼 필요가 있다. 산업혁명시대에 무조건적인 성장을 중요시하는 사회 분위기에서 효율적인 성장을 위해서는 조직구성원의 친화를 중시하는 분위기로 바뀌었다. 특히 기업에서 리더와 부하 간 상호 존중과 신뢰를 통해 형성되는 인간관계는 조직관리 및 성과에 큰 영향을 미치는 중요한 요소이다.

9. 임파워먼트(Empowerment)

임파워먼트(empowerment)는 '주다'라는 의미를 가진 'em'과 권력이란 의미의 'power'가 결합된 용어로서, 일반적으로 리더가 업무수행에 필요한 책임과 권한, 자원에 대한 통제력 등을 부하에게 배분 또는 공유하는 과정을 말한다. 즉, 기업 현장의 조직구성원에게 업무 재량을 위임하고 자주적이고 주체적인 체제 속에서 사람이나 조직의 의욕과 성과를 이끌어내기 위한 것으로 권한부여, 권한이양이라고 한다.

최근 기업에서 임파워먼트의 중요성이 부각되는 이유는 첫째, 고객 니즈에 대한 신속한 대응과 함께 조직구성원이 직접 의사결정에 참여하여 현장에서 개선이나 변화에 신속 정확하게 대응할 필요가 있다. 둘째, 급변하는 경영환경에서 고객접점서비스(M.O.T.)를 수행하는 현장 직원들의 신속하면서도 능동적인 대응이 강조되고 있다. 셋째, 조직이 점차 수평화되고 중간관리층이 줄어들면서 임파워먼트의 중요성이 커지고 있다.

임파워먼트의 개념은 크게 관계적 관점과 동기부여적 관점으로 구분된다. 관계적 관점의 임파워먼트는 앞서 언급한 일반적 의미의 임파워먼트로서 리더가 가지고 있는 권력을 부하와 공유하는 것을 말한다. 리더라는 직위로 인해 기본적으로 파생되는 합법적 권력이나 자원에 대한 통제력을 조직구성원에게 배분하는 과정이다. 따라서 관계적 관점의 임파워먼트는 타인이나 다른 조직을 통제하는 차원에서 권력을 설명하는데 초점을 맞춘 반면, 동기부여적 관점의 임파워먼트는 다른 사람에 대해 행사하는 권력보다는 조직구성원의 관점에서 개인이 경험하고 느끼는 임파워먼트에 초점을 맞추었다. 즉, 이것은 심리적 임파워먼트로서 조직구성원들의 자기효능감을 높여 직무가 완수되도록 하는 과정을 말한다. 단순히 구조적으로 권력을 조직구성원에게 배분하는 것이 아니라 부하가 자기결정권을 느끼고 스스로 직무를 관리할 수 있게 하는 것을 의미한다.

따라서 유능한 리더는 조직구성원으로 하여금 자신의 업무능력에 대한 자신감을 증대시켜 조직의 성과를 증진시킨다. 과거 수직적 조직구조에서 획일적인 업부 습관만 고집하는 리더보다는 조직구성원들에게 기존의 업무수행 방식이나 관념을 재증진시키는 자기효능감(self-efficacy)[21]을 증대시켜 줌으로써 리더의 업무수행을 성공적으로 이끌어 갈 수 있다. 리더는 끊임없이 조직구성원에게 지적 자극을 함으로써 구성원 스스로가 자기효능감을 갖게 되어 임파워먼트가 증대된다. 이러한 임파워먼트가 실제로 실행되었을 때 기업은 다음과 같은 긍정적 효과를 얻을 수 있다. 첫째, 조직구성원이 가진 능력을 최대한 발휘하게 함으로써 구성원들의 직무몰입을 극대화할 수 있다. 둘째, 조직구성원 각자가 업무수행상의 문제점과 그 해결 방안을 가장 잘 알고 있기 때문에 고객들에게 적절한 대응을 하게 함으로써 서비스품질 수준을 높일 수 있다. 셋째, 급변하는 환경변화에 능동적이고 창의적인 경영으로보다 신속하고 탄력적으로 대응할 수 있다. 넷째, 리더의 지시·점검·감독·연락·조정 등에 대한 노력과 비용이 줄어들기 때문에 비용이 절감된다.

[21] 자신이 어떤 일을 성공적으로 수행할 수 있는 능력이 있다고 믿는 기대와 신념을 뜻하는 심리학 용어이다. 자기효능감은 캐나다의 심리학자 알버트 반두라(Albert Bandura)에 의해 소개된 개념으로, 그는 행동주의적 관점이 학습의 원리에 대해 잘 설명해주지만 제한적이며 환경과의 상호작용을 간과하고 있다고 보았다.
자기효능감은 동기 및 성취, 귀인과도 밀접한 관련이 있다. 예를 들어, 자기효능감이 높은 사람은 도전적인 과제가 주어졌을 때 쉽게 포기하지 않고 더 많은 노력을 기울인다. 그리고 실패했을 경우에도 원인을 노력이나 능력의 부족보다는 외부 상황으로 귀인하는 경향이 높다. 반대로 자기 효능감이 낮은 사람의 경우 어려운 과제에 대해서 쉽게 포기하거나 도전하지 않으려는 성향이 높으며, 원하는 결과를 얻지 못했을 때 그 원인을 자신의 능력이나 노력 부족으로 내부 귀인하는 성향이 있다.

임파워먼트 제고

- 목표를 명확히 하고, 이를 공유한다.

- 의사결정 과정에 구성원을 참여시켜라.

- 중요한 활동에 대해 책임과 권한을 위임해라.

- 동기와 기술에서 개인차를 고려하라.

- 관련 정보에 접근할 수 있게 하라.

- 불필요한 통제를 제거해라.

- 구성원에게 자신감과 신뢰감을 표명하라.

- 주도성과 문제해결을 격려하고 지원해줘라.

- 중요한 공헌과 성취에 대해 이를 인정해주어라.

리더십과 인성

1. 리더십과 팔로워십에 대하여 정리하세요.

구분	설명
리더십	
팔로워십	
종합의견	

(전공: 학번: 성명:)

2. 갈등관리 5개 차원에 대하여 정리하세요.

주제	설명
순응	
회피	
타협	
통합	
지배	
종합의견	

(전공: 학번: 성명:)

3. 창의적인 문제해결에 필요한 사고에 대하여 정리하세요.

사고	설 명
논리적 사고	
창의적 사고	
비판적 사고	

4. 의사소통 장애요인과 극복방안에 대하여 정리하세요.

장애요인	극복방안
어의상의 문제	
선입견	
평가적 경향	
정보의 과중	
시간과 장소	
비언어적 메시지 오용	
피드백 결핍	

리더십과 인성

인성

leadership and personality

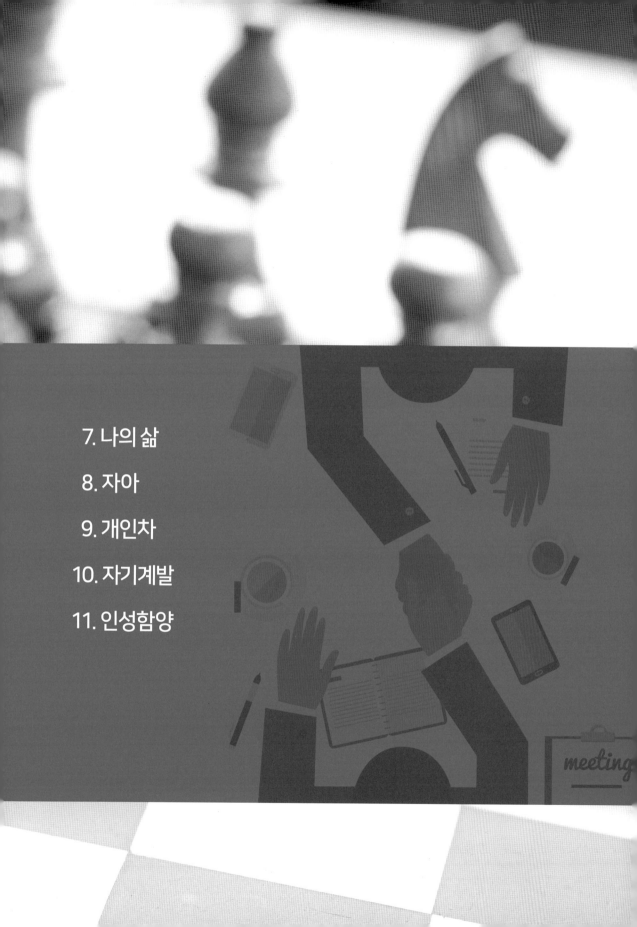

07

나의 삶

1. 삶의 목적

　　인간이 추구하는 궁극적인 목적은 행복이다. 행복은 일상생활에서 충분한 만족과 기쁨을 느끼어 흐뭇한 상태를 말한다. 즉, 인간은 욕구가 충족되었을 때 행복감에 젖게 된다.

　　예를 들면 배가고플 때 맛있는 음식을 먹는다든지, 연인끼리 다정하게 커피를 마신다든지, 자신의 목표를 달성했을 때 행복감에 젖게 된다.

　　세상에서 가장 행복한 삶은 자신이 좋아하는 일을 하면서 사는 것이다. 우리는 과거에 대해 후회하고 미래에 대해 걱정하며 살아간다. 하지만 지나간 일은 돌이킬 수 없고 앞으로 무슨 일이 벌어질지 모르기 때문에 이런 것들에 대해 너무 고민하는 것 보다는 지금 이 순간 나를 둘러싸고 있는 모든 것들이 얼마나 소중한지를 느끼며 살아가는 것이 현명하다. 더욱 중요한 것은 지금 이 순간(찰나)[*22]에 충실하게 사는 것이다.

*22 찰나: 물질적 · 정신적, 특히 정신적 현상의 순간적 생멸(生滅)을 설명할 때 쓰임. 한 생각 일어나는 매우 짧은 시간.

　　미래에는 기대수명 100세 시대이다. 나아가 미국의 시사주간지 "타임(time)" 최신호에 따르면 "올해 태어난 아기는 143살까지 살 수 있을 것이다"라고 한다. 물론 노화억제기능이 있는 신약을 복용했을 때라는 전제가 있긴 하지만 놀라운 일이 아닐 수 없다. 50년 전에는 불과 52살에 불과했던 한국인의 평균 기대수명도 이미 80세를 넘어섰고 빠른 속도로 수명이 연장되고 있다. 의학과 과학의 발전에 따라서 인류의 꿈인 불로장생이 현실로 다가 오고 있는 것이다.

이제 몇 살까지 사느냐는 그다지 중요하지 않다. 오히려 어떻게, 무엇을 위해 살았느냐가 더 중요하다. 물론 세상을 살아가는 삶의 형태도 개인마다 다르고 다양하다. 그러나 올바르게 살아간다는 것은 그렇게 쉬운 일은 아니다. 한 인간이 생(生)의 마지막에서 지나온 과거를 뒤돌아보며 보람되고 후회없이 살았다고 자신할 수 있는 사람이 과연 얼마나 될까? 인간이 생(生)을 마감할 때 후회가 엄습해 오는 것도 자기 몫이요, 자부심을 느끼고 만족하는 것도 자기 몫이다.

또한 인간의 삶은 끊임없는 선택의 연속이다. 목표를 세우고 실천하는 것이 현실적인 어려움도 있겠지만 끊임없이 자신의 내면을 살피면서 살아가야 한다. 목표를 세우기 어렵다면 당장 내일 생(生)을 마감한다면 지금, 이 순간 무엇을 할 것인가를 생각하면 의외로 쉽게 답을 찾을 수 있을 것이다.

따라서 행복한 삶이란 오늘 살아 있음에 감사하고 내일이 존재한다고 믿고 나름대로 삶의 목표를 세우고 살아가는 것이다. 삶의 목표는 우리가 최종적으로 도착하고자 하는 목적지와 같다. 목적지에 잘 도착하기 위해서는 제대로 된 인생설계나 진로선택이 무엇보다 중요하다. 이것이 목적지를 잘 찾아가게 해주는 나침판이자 등대와 같은 역할을 할 것이다.

낙이불류 애이불비 가위정야 (樂而不流 哀而不悲 可謂正也)

"즐거우면서도 무절제하지 않고 슬프면서도 비통하지 않으니, 바르다고 할만하다."

이는 기쁨을 너무 속되게 드러내면

그것을 보는 이에게 질투심을 유발하게 되므로 절제해야하고,

내가 슬프다고 해도 너무 드러내놓고 비탄에 빠지지 말라.

지금 어려움도 영원하지 않다.

2. 가치관

1) 가치관의 변화

경제중심의 사고는 우리에게 물질적 풍요를 가져다 준 반면 정신적 가치를 소홀히 하는 현상을 낳았다. 이로 인한 가정문제, 사회문제 등이 심각해지고 있다. 거의 매일 TV에서는 자신의 분노를 조절하지 못해 일어나는 사건 사고들이 잇따르고 있으며 날로 흉폭해지는 양상을 보이고 있다. 이러한 현상의 본질적인 문제를 해결하기 위해서는 물질적 가치에서 정신적 가치로의 패러다임 전환(Paradigm shift)이 무엇보다 필요한 시점이다.

*23 패러다임(paradigm): 한 시대 사람들의 견해나 사고를 근본적으로 규정하고 있는 인식의 체계.

이러한 패러다임[23] 전환을 통해 물질적 가치와 정신적 가치가 균형을 이룰 때 비로소 진정한 선진사회에 진입할 수 있다. 따라서 우리 모두가 그런 삶이 되도록 부단한 노력과 지혜로운 삶이 요구된다.

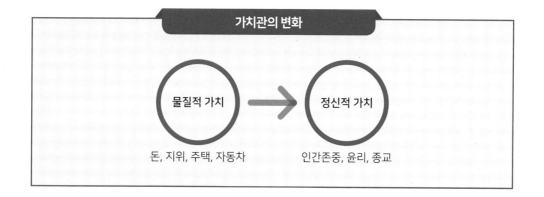

가치관의 변화

물질적 가치 → 정신적 가치

돈, 지위, 주택, 자동차　　　인간존중, 윤리, 종교

2) 물질적 가치[24]

우리나라의 산업화는 대량 생산과 대량소비를 통한 규모의 경제를 가능하게 하였고 많은 부(富)를 이룰 수 있었다. 특히 단기간에 걸친 산업화와 근대화의 과정으로 말미암아 급속한 사회변화가 일어났고 물질문화와 전통적 가치관 사이의 갈등이 생겼다.

*24 물질적 가치: 자동차, 주택 등 살아가는데 필요한 물질에 대한 쾌락적 가치와 유용 가치(경제적 가치).

이 과정에서 경제적·물질적 가치를 중시하는 물질만능주의로 기울었고, 사회적 가치평가를 돈이나 사회적 지위 등과 같은 물질을 기준으로 삼기에 이르면서 현대 사회는 물질만능주의가 팽배하게 되었다. 물질 만능주의는 삶의 물질적 조건이 부족했던 사회에서 물질적 조건이 향상됨으로써 나타나는 일반적 현상이다.

한편 물질 만능주의를 정신적 측면에서 고찰하면 인간의 이기심에서 발생한다. 물질적 욕구로부터 시작된 인간의 이기심은 자기 것에 대한 집착으로 나타나고 이러한 현상은 어느 시대나 어느 곳에서나 등장하는 문제로써 극복할 수 없는 문제이다.

우리나라의 산업화는 국가의 성장 전략, 즉 극단적인 불균형 성장 전략에 의해 가속화되었고 급속한 산업화로 인한 폐해는 결국 우리에게 마치 화살처럼 되돌아와 크나큰 아픔을 주고 있다. 그 결과 계층 간 갈등, 집단 간 갈등, 지역 간 갈등, 부의 양극화 등 다양한 부분에서 이기주의 형태나 나타났고, 결국에는 이런 것들이 사회통합을 저해하고 더 나아가 국민의 정신적 통합을 이루는데 걸림돌로 작용하고 있다. 또한 인간이 가져야할 본연의 가치(인본주의)를 상실하고 인간을 소외시키는 뿌리 깊은 사회구조 악으로 나타나 가치관의 극심한 혼란은 물론 그것이 심화되어 생명을 경시하는 사회풍토가 되었다.

이렇게 물질과 부(富)가 모든 것을 지배하게 되면서 삶의 주체인 인격의 균형을 상실하게 되었다. 그 뒤를 따르는 불행은 더 말할 필요가 없다.

3) 정신적 가치[25]

*[25] 정신적 가치: 지적 가치(학문), 도덕적 가치(윤리), 미적 가치(문화, 예술), 종교적 가치(종교, 성스러움).

예로부터 우리나라는 인간 존중의 사상이 뿌리 깊게 내려오고 있다. 따라서 물질에만 너무 집착하는 마음과 태도를 우리 전통윤리에 대한 고찰과 우리 사회에 대한 반성을 통해 현재의 물질만능이 옳은 것인지를 다시 한 번 살펴볼 필요가 있다.

최근 서구의 선진화된 국가들은 삶의 질에 대해 활발한 연구를 하고 있다. 삶의 질이란 자신이 직접 체험하고 느끼는 만족감으로써 지금과 같은 물질적 풍요가 삶의 질을 나타내는 절대적 기준이 될 수 없다는 것이다. 즉, 선진국 사람들은 안전하게 살고 있으며 식생활에 곤란을 겪지 않는다는 사실은 인간의 가치관 변화에 많은 의미를 포함하고 있다.

고도의 경제 성장과 사회 변동은 사람들의 가치관과 삶의 목표를 급격히 변화시키고 있다. 생존 내지 안전의 욕구가 존재하고 있는 경우에 대부분의 사람들은 그들의 관심을 다른 곳으로 돌릴 수 없다. 그러나 경제적 및 신체적 안전이 보장받는 경우에는 사랑, 존경, 소속의 욕구가 점차로 증가하며, 나아가 자아실현의 욕구(지적·심미적 만족)로 발전하게 된다.

미국 미시간 대학 잉글하트(Inglehart, R) 교수는 이러한 삶의 가치관 변화를 "조용한 혁명(silent revolution)"이라고 했다. 삶의 질은 고도의 경제 성장과 사회 변동은 경제적·물질적 조건을 나타내는 객관적 지표보다 그것을 전제로 한 자신의 만족감·즐거움 등의 주관적 지표에 더

의미를 두고 복지지수와 즐거움지수로 평가해야 한다는 것이다.

복지지수는 객관적 지표로서 경제적·물질적 조건인 주택·건강·재무·친구·교육과 관련된 것이며, 즐거움지수는 개인이 느끼는 만족감·행복감 같은 주관적 지표로서 지적·심미적 만족과 사랑·존경의 욕구충족에 관한 것이다.

한편 대부분의 국내 조사기관에 따르면 한국인의 삶의 질 지수는 대체로 낮은 편으로 나타났다. 특히 삶의 질 지수가 가장 높은 집단은 대도시에 사는 40대 여성이고, 반대로 가장 낮은 집단은 대도시에 사는 40대 남성이라고 한다. 최근 현대경제연구소 조사에 따르면 직업별 경제행복지수는 공무원이 가장 높게 나타났고, 직장인, 주부, 자영업자, 무직 순으로 나타났다. 이는 경기불황으로 인해 안정성이 보장된 공무원을 선호하는 현상으로 볼 수 있다.

따라서 우리나라도 국민의 삶의 질과 행복감을 높이고 물질만능주의로 인해 발생하고 있는 많은 사회문제들을 해결하기 위해서는 다음과 같은 방법들을 실천하는 것이 무엇보다 시급하다.

첫째, 물질만능주의를 과감히 탈피하고 정신적 가치로의 전환이다.

둘째, 성장을 우선시하는 획일적인 자본주의 체제를 수정하여 성장과 분배가 균형을 이루도록 해야 한다.

셋째, 입시위주의 교육에서 인성을 강조하는 학교교육이 필요하다. 인성을 중시하는 교육을 통해 이러한 가치관을 재정립할 수 있다. 즉, 인간의 가치를 주된 관심사로 삼는 인본주의로의 회귀이다.

넷째, 인간의 끝없는 욕망을 조절하고 향락과 이기심을 절제하며, 다른 존재들과의 공존을 추구해나가는 동양적 가치관을 추구해야 한다. 동양적 가치관[*26]으로의 전환은 물질문명의 폐해를 치유해 줄 것이며, 질적으로 풍족한 인간의 생활을 가능하게 해 줄 것이다.

다섯째, 스스로 자족할 수 있는 삶의 태도를 내면화[*27]하고 절제와 조화정신을 추구해

[*26] 동양적 가치관: 상호존중, 정신적 안정, 윤리
[*27] 내면화: 타인의 인지기능, 태도, 가치관이나 사회적 기준 등을 자신의 사고체계에 병합시키는 것.

야 한다.

이러한 물질적 가치에서 정신적 가치로의 변화를 통해 능률과 실용성을 추구뿐 아니라 인간의 감정존중과 심정의 풍요로움을 고양시킬 수 있다. 또한 모든 사람들이 물질보다 생명의 존엄성이나 인간을 존중하는 정신적 가치로의 변화가 우리의 삶을 윤택하게 만들어 줄 것이다.

*28 지혜: 사물의 이치를 빨리 깨닫고 사물을 정확하게 처리하는 정신적 능력. 현명함, 지혜, 창의력.

이제는 물질적 가치에서 정신적 가치로의 패러다임 전환이 필요한 시점이며, 물질적 가치와 정신적 가치가 조화와 균형을 이루는 그런 삶이 되도록 부단한 노력과 지혜[*28]로운 삶이 요구된다.

무소유

- 무소유란 아무 것도 갖지 않는 것이 아니다. 궁색한 빈털터리가 되는 것이 아니다.
- 무소유란 아무 것도 갖지 않는 것이 아니라 불필요한 것을 갖지 않는다는 뜻이다.
- 무소유의 진정한 의미를 이해할 때 우리는 보다 홀가분한 삶을 이룰 수가 있다.
- 우리가 선택한 맑은 가난은 넘치는 부보다 훨씬 값지고 고귀한 것이다.
- 이것은 소극적인 생활의 태도가 아니라 지혜로운 삶의 선택이다.
- 우리는 우리 주위에 있는 모든 것의 한 부분이다.
- 저마다 독립된 개체가 아니다. 전체의 한 부분이다.
- 우리 한 사람 한사람이 세상의 한 부분이다.
- 우리 인생에서 참으로 소중한 것은 어떤 사회적인 지위나 신분, 소유물이 아니다.
- 우리들 자신이 누구인지를 아는 일이다.
- 나는 누구인가? 스스로 물어야 한다.
- 이런 어려운 시기를 당했을 때 도대체 나는 누구지? 나는 누구인가 스스로 물어야 한다.
- 우리가 지니고 있는 직위나 돈이나 재능이 중요한 것이 아니라 그것으로써 우리가 어떤 일을 하며 어떻게 살고 있는가에 따라서 삶의 가치가 결정된다.

출처: 행복닷컴, 법정스님

3. 행복과 불행

1) 행복

일체유심조(一切唯心造)[29]는 "모든 것은 오로지 마음이 만들어낸다"는 말이다. 즉, 세상사 모든 일은 마음먹기에 달려있다는 뜻이다.

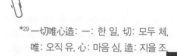
[29] 一切唯心造: 一: 한 일, 切: 모두 체,
唯: 오직 유, 心: 마음 심, 造: 지을 조.

행복은 생활 속에서 만족과 기쁨을 느끼어 흐뭇하거나 자신이 세운 목표를 달성했을 때, 즉, 욕구가 충족되었을 때 행복감에 젖는다. 행복은 누가 가져다주는 것이 아니라 스스로 찾아야 한다. 진정한 행복이란 자신의 마음속에 있는 것이며, 매 순간 행복을 느끼는 것이 가장 바람직하다. 그러기 위해서는 삶의 목적을 물질적 가치에 두는 것보다는 정신적 가치에 두는 것이 삶의 질을 높이고 행복한 삶을 살 수 있다.

행복의 기준은 주관적인 만족감인 만큼 문화나 개인에 따라 차이가 있다. 즐거운 순간순간을 행복이라고 생각하는 쾌락주의자의 행복도 있고, 자신이 정한 목표를 달성했을 때의 느낌(성취감)을 행복이라고 여기는 사람도 있고, 가족이 잘 지내는 것에 만족하는 것을 행복이라고 생각하는 사람도 있을 것이다.

현대인에게 "행복의 조건이 무엇이라고 생각하느냐?"고 물어봤더니, 대부분의 사람들은 나라나 계층에 관계없이 부(富), 명예, 권력, 직업 순으로 응답하였다. 그 이외에도 가족, 친구, 사랑 등을 답하였다. 그러나 대부분의 사람들은 경제적인 측면이 가장 중요하다고 답하면서도 "돈과 행복은 관계가 없다"라고 믿고 싶어하는 이중성을 보였다.

과연 행복은 돈으로 살 수 있을까? 돈과 행복의 관계에 관한 연구결과는 경제적으로 평균수준 이하의 사람들은 돈은 행복을 결정하는 중요한 요인이라고 응답하였고, 중간수준 이상의 사람들은 상대적으로 돈에 대한 중요성이 덜하다고 응답하였다.

사실 행복과 경제적인 수준과의 관련성에 관한 연구는 활발하지만 객관화하기 어렵고, 연구 대상의 규모나 조건(대상, 소득수준)에 따라 결과가 달라질 수 있다. 돈과 행복에 관한 대부분의 연구결과는 소득이 높을수록 생활에 대한 만족도가 높았고, 국가 간의 비교뿐만 아니라 한 국가 안에서도 소득에 따라서 만족도는 비례하였다. 그러나 다른 일부 연구에서는 경제성장, 국민총생산(GNP), 국내총생산(GDP)과 행복지수는 직접적인 상관관계가 없다고 발표하였다.

그래서 "행복은 부(富)에 의해서 결정된다"는 명제에는 예외적인 변수가 너무나 많지만 "돈이 행복을 결정하는 모든 것은 아니며, 또 돈을 좇는다고 행복해지는 것도 아니다"라는 의견에는 공감할 것이다.

어쨌든 행복에 관한 연구는 연구기관이나 다양한 측정변수에 따라 결과가 달라지는 경우도 있어 단정 짓기는 쉽지 않지만, 자본주의 사회에서는 경제적인 측면이 사람들이 느끼는 행복과 어느 정도 상관관계가 있음에는 틀림없다. 또한 행복을 경제적 측면뿐만 아니라 전혀 다른 측면에서 살펴볼 필요가 있다.

이제는 이러한 경제적인 측면의 행복지수 보다 발전된 GNH(국민총행복: gross national happiness)[30]를 살펴봐야 할 단계이다.

[30] 국민총행복: 문화적 전통과 환경 보호, 부의 공평한 분배를 통해 국민의 삶의 질을 높이겠다는 부탄의 국정 운영철학.

세상에서 가장 느리고 행복한 나라 부탄

중국 티베트와 인도 사이 히말라야 산맥 동부에 자리한 나라 부탄, 한반도 5분의 1면적에 인구 약 71만 명의 작은 왕국이다.

부탄은 평균 해발고도 2,000m 이상으로 땅보다 하늘이 더 가까운 나라다. 부탄으로 가는 여정은 쉽지 않다. 부탄의 동부 지역으로 가려면 인도를 통해 입국하는 게 더 빠르다. 인도와 부탄의 국경을 넘어서면 곧바로 히말라야 산맥을 타고 끝없는 오르막길이 시작된다. 변화무쌍한 기후에 적응하며 그 길로 꼬박 5시간가량을 걸어가면 해발고도 약 3,500m에서 메락 마을을 만난다. 부탄 정부가 한동안 출입을 금지했던 이곳은 예로부터 소과에 속하는 포유류인 야크를 기반으로 생활하는 반 유목민 "브록파"의 거주지다. 불과 3년 전 출입이 허용됐지만 여전히 외부인의 흔적이 적은 미지의 땅이다. 메락 주민들은 붉은 색의 상의와 독특하게 생긴 모자를 착용한다. 이들이 보여주는 전통 야크춤은 흥미롭기만 하다.

야크는 이들에게 없어서는 안 되는 가축. 해발고도 4,000m 이상에서만 서식하며 겨울을 제외하고는 저지대로 내려오는 일이 없다. "황금 랑구르"(긴꼬리원숭이과의 원숭이)는 멸종 위기의 종이지만 이곳에선 다수 서식하고 있다. 황금빛 털은 존재 자체로도 신비로운 분위기를 내며 행운의 상징으로 여겨진다. 오랜 기간 험준한 환경 속에서 고립을 택한 부탄은 사람들의 생활뿐만 아니라 자연도 신비로운 이면을 간직하고 있다.

출처: EBS "세계테마기행", 2013.

진정한 행복은 무엇일까?

동병상련(同病相憐)이라는 말이 있다. 이는 같은 병을 앓는 사람끼리 서로 가엾게 여긴다는 뜻이다. 그래서 일반적으로 고통을 겪어 본 사람은 그렇지 않은 사람보다 훨씬 다른 사람을 배려한다. 행복한 사람은 다른 사람의 고통을 이해하고 도와주는 이타적인 행동을 통해서 자신의 행복을 더욱 키운다.

예를 들면, 자신의 이익보다 다른 사람을 위해 이타적인 행동을 하려면 많은 시간과 비용이 든다. 그러나 이타적인 행동을 하는 사람들은 한결같이 "어려운 사람을 돕다보면 마치 그들의 행복이 자신의 행복처럼 느껴진다"라고 말한다.

우리는 스스로에게 질문을 해야한다. "나는 행복한가?". 사람들은 자신의 욕구가 충족되었을 때 행복하다고 한다. 그런데 문제는 욕구는 또 다른 욕심을, 욕심은 또 다른 탐욕을 만들어낸다. 즉, 만족한 상태는 잠깐이라는 것이다.

결국 행복이라는 것은 외부적 조건인 경제적인 수준, 사회적 지위 등도 중요하지만 결국에는 자신의 내면세계를 밝히는 마음 안에 있다. 따라서 늘 자신의 마음을 수양하여 욕심을 버리고 다른 사람과 더불어 살아가려는 마음가짐이 필요하다.

'세상에서 가장 행복한 나라?' '우리나라는 41위!'

UN지속가능개발대책네트워크에 의해 미국 컬럼비아 대학교 지구연구소, 브리티시컬럼비아 대학, 캐나다선행연구소, 런던 정치경제대학 등 연구원들이 전세계 156개국을 공동연구한 결과 덴마크가 2년 연속 세계에서 가장 행복한 나라로 조사됐다.

연구팀은 지난 3년간 갤럽 세계 설문조사 자료를 바탕으로 GDP, 자유, 건강한 삶, 부패, 사회적 지지 기반 등 요건들을 10점 만점으로 평가했다.

그 결과 덴마크(7.693), 노르웨이(7.655), 스위스(7.650), 네덜란드(7.512), 스웨덴(7.480) 등 북유럽 국가들이 상위권을 차지했다. 미국은 17위(7.082)로 조사됐다. 한국은 6.267점으로 41위에 올랐다. 우리나라에 이어 타이완이 6.221점으로 42위, 일본이 6.064점으로 43위에 꼽혔다.

지난 2005년-2007년과 지난 2010년-2012년 사이 나라별 행복도 변화를 비교해 보면, 앙골라가 1.438점이 올라 가장 많은 점수가 상승한 것으로 조사됐다. 한국은 0.728점이 상승해 9번째로 가장 많은 상승세를 보였다.

가장 행복도가 낮은 나라로는 토고(2.936)가 꼽혔으며, 베냉(3.528)이 155위, 중앙아프리카공화국(3.623), 부룬디(3.706) 등 아프리카 국가들로 조사됐다.

출처: 세계 행복 보고서, 2013.

2) 불행

주위를 둘러보면 생각보다 행복하지 않다고 생각하는 사람이 많다. 잠시 힘들다고 해서 불행하다고는 할 수는 없지만 스스로 그렇게 느끼는 것이다. 무엇보다 가장 불행한 것은 자기가 좋아하는 일을 하지 못하는 것이다. 그것이 얼마나 슬프고 불행한 일인지 뼈저리게 느껴본 사람만이 알 것이다.

행복과 불행은 빛과 어둠처럼 서로 공존하므로 사람들은 행복만을 원하지만 그럴 수 없는 게 인생이다.

행복과 불행의 차이점은 그 사람이 느끼는 감정의 차이다. 같은 상황, 같은 입장이라도 서로가 느끼는 감정은 다를 수 있다. 행복과 불행은 공존한다. 행복을 느끼면서 한구석에는 불행을 느낄 수도 있고, 불행을 느끼면서 한구석에는 행복을 느낄 수도 있다. 불행이 없다면 행복은 존재하지 않을 것이고 만약 불행이 없다면 행복은 행복이 아닐지도 모른다.

인생삼불행(人生三不幸)[*31]이란 말이 있다. 세상에는 완전한 행복도 불행도 없는듯하다. 다가온 행운이 불행이 되어 치명적인 인생의 상처를 남기기도 하고 누가 봐도 확실히 불행이라고 생각했던 것이 오히려 나에게 행운을 가져다 주기도 한다. 이는 아무리 행복한 조건이라도 삶의 성숙함과 깊이가 수반되지 않으면 오히려 그 조건이 독이 될 수 있다. 많이 가졌다는 교만이 잘못 살 수 있는 단초가 된다는 말이기도 하다.

*31 인생삼불행: "소년등과 석부형제지세 유고재능문장(少年登科 席父兄弟之勢 有高才能文章)"이 삼불행의 내용이다. "소년등과"는 출세가 빠르면 거만하게 되어 인생이 불행해질 수 있다는 것이고, "석부형제지세"는 대단한 부모형제를 만나면 그들만 믿고 오만해지는 것이 불행이 된다는 말이다. "유고재능문장"은 재주와 능력을 믿고 안일함에 빠질 수 있음을 지적한다.

예를 들면, 뉴스를 보면 가끔 거액의 복권 당첨자 이야기가 나온다. 그들은 처음에는 돈벼락을 맞은 당첨 소식으로 나오고, 나중에는 패가망신한 소식으로 나오는 경우가 대부분이다. 이는 뜻밖의 횡재는 좋을 게 없다는 대중적인 믿음을 강화시키는 역할을 한다. 일확천금을 얻은 사람이 재물을 지키지 못하는 이유는 자명하다. 그것을 관리할 수 있는 그릇(능력)이 안되기 때문이다. 적은 돈만 관리하던 사람이 갑자기 큰돈이 생기면 감당하기 어렵고 또 주위에서 그것을 탐하는 자들의 유혹에 쉽게 빠져들게 된다.

그러나 복권 당첨자들과 당첨되지 못한 사람들을 비교 연구한 바에 따르면 당첨자들의 행복감이 더 높았다. 이처럼 진지한 노력없이 행운으로 돈을 버는 복권 당첨과 같은 경우에도 행복감에 긍정적인 영향을 미친다(일시적으로는 즐겁고 행복할지 모르지만 시간이 흘러가게 되면 행복감은 바로 상쇄되어 버릴지 모름).

결론적으로 인간이 행복을 느끼고 불행을 느끼는 것은 거의 찰나에 일어난다. 그리고 그 핵심은 자기 자신이 어떤 마음을 갖느냐에 달려있다. 아무리 행복에 겨운 사람도 한순간의 마음먹기에 따라 스스로 불행하다고 느끼기도 하고, 반대로 불행에 젖어 있던 사람도 순간 행복을 찾기도 한다. 즉, 행복과 불행은 그 순간을 어떻게 받아들이느냐에 달려있는 것이다.

행복은 느끼는 것이다. 의외로 행복과 불행한 사람의 차이는 아주 사소한 것에서 부터 비롯된다. 동전의 양면과도 같다. 따라서 끊임없이 자신의 내면을 살펴 자유롭고 행복한 삶을 살아야 한다. 더불어 살아가는데 필요한 겸손과 책임을 습득해야지만 어설픈 특권의식으로 삶을 망가뜨리는 실수를 방지할 수 있다.

*32 희로애락(喜怒哀樂): 기쁨과 노여움, 슬픔과 즐거움이라는 뜻이다. 즉 사람의 여러 가지 감정(感情)을 이르는 말. 喜: 기쁠 희, 怒: 성낼 로(노), 哀: 슬플 애, 樂: 즐길 락(낙), 노래 악, 좋아할 요.

세상에 순탄하게만 이어지는 삶은 없다. 한평생 살면서 수만 번은 더 희로애락*32을 느끼면서 살아간다. 그런데 우리는 모든 좌절과 실패의 경험을 불행한 인생과 동일시한다. "성공한 사람은 행복하고 좌절한 사람은 불행하다"라는 명제를 참으로 설정해놓고 모두 거기 빠져 허우적거리며 산다. 과연 그게 맞는 걸까?

우리가 한평생 잘 살았다고 말할 수 있는 인생은 자신이 처한 환경을 슬기롭게 극복한 좌절하지 않는 삶이 아니다. 자신에게 주어진 환경 때문에 행복했다거나 불행했다고 생각하지 않는 삶이며, 누구 때문에 행복했다거나 불행했다고 생각하지 않는 삶이다. 그럴 때 그 인생은 너무도 잘 산 인생이다.

새옹득실(塞翁得失)·새옹화복(塞翁禍福) 또는 단순히 새옹마(塞翁馬)라고도 한다. 새옹이란 세상(塞上:북쪽 국경)에 사는 늙은이란 뜻이다.

북방 국경 근방에 점을 잘 치는 늙은이가 살고 있었는데 하루는 그가 기르는 말이 아무런 까닭도 없이 도망쳐 오랑캐들이 사는 국경 너머로 가버렸다. 마을 사람들이 위로하고 동정하자 늙은이는 "이것이 또 무슨 복이 되는지 알겠소" 하고 조금도 낙심하지 않았다.

몇달 후 뜻밖에도 도망갔던 말이 오랑캐의 좋은 말을 한 필 끌고 돌아오자 마을 사람들이 이것을 축하하였다. 그러자 그 늙은이는 "그것이 또 무슨 화가 되는지 알겠소" 하고 조금도 기뻐하지 않았다.

그런데 집에 좋은 말이 생기자 전부터 말타기를 좋아하던 늙은이의 아들이 그 말을 타고 달리다가 말에서 떨어져 다리가 부러졌다. 마을 사람들이 아들이 병신이 된 데 대하여 위로하자 늙은이는 "그것이 혹시 복이 되는지 누가 알겠소" 하고 태연한 표정이었다.

그런 지 1년이 지난 후 오랑캐들이 대거하여 쳐들어왔다. 장정들이 활을 들고 싸움터에 나가 모두 전사하였는데 늙은이의 아들만은 다리가 병신이어서 부자가 모두 무사할 수 있었다.

출처: 회남자(淮南子)의 인간훈(人間訓)

4. 성찰과 혁신

1) 성찰

*33 정화(淨化): 불순하거나 더러운 것을
깨끗하게 함.

*34 명상(瞑想): 마음을 자연스럽게 안으
로 몰입시켜 내면의 자아를 확립, 고요
히 눈을 감고 깊이 생각함. 정신집중.

성찰(省察)이란 자신을 되돌아보고 반성하는 것이다. 단순히 자신에 대한 이해가 아니라 자신이 무엇을 잘못하고 있진 않은지, 반성할 것은 없는지 되돌아보고 자신의 내면을 살피는 것이다. 즉, 자아성찰이란 스스로 자기(自己)가 누구인지를 살피고 마음을 정화 하는 과정이다.

마음을 자연스럽게 안으로 몰입시켜 내면의 자아를 확립하는 방법으로는 명상*34이 있다. 특히 일상생활 속에서 명상을 실천할 수 있다면 더욱 바람직하다. 명상법은 제 11장 나의 인생설계에서 다루었다.

예를 들면, 명상하기 좋은 특정한 장소나 환경에서는 마음이 평온하여 명상효과가 좋다. 그러나 일상생활 속에서 끊임없이 불편한 마음작용이 일어남으로 평온한 마음을 유지하기가 힘들다. 이럴 때마다 하늘을 쳐다보면서 잠깐의 여유를 찾거나 3번의 깊은 쉼호흡 등으로 마음을 다스리면 좋다.

"참을 인(忍) 3번이면 살인도 면한다"는 속담이 있다. 이는 아무리 분한 일이 있어도 참으면 위기를 모면할 수 있다는 뜻이다. 요즈음 뉴스를 보면 분노조절장애로 인해 믿기 어려운 사건 사고를 일으키는 사람들이 늘어나고 있다. 자기 스스로 분노를 다스리지 못하면 자신의 소중한 인생은 물론 가족까지 한순간에 망가트릴 수 있다.

나아가 여기서 멈춰서는 안 된다. 더욱 자신의 내면세계로 깊이 들어가 감춰진 진정한 자아 모습(참나)을 찾는 자아성찰이 필요하다. 간단한 방법으로는 늘 하루일과를 정리하고 반성하면서 내일에 대해 생각해보는 습관이 필요하다.

궁극적으로 자신의 내면을 살펴 자아를 찾고 묶인 마음에서 벗어나 진정한 삶의 주인이 되고자 끊임없이 노력해야 한다.

2) 혁신

자아혁신은 시대 변화에 발맞추어서 계속해서 자신을 향상 시켜 나가는 것을 뜻한다. 자아성찰은 자아혁신의 핵심이다. 자아혁신은 주인정신을 통해서만 가능하다. 이는 자기 발전을 이루기 위해 반드시 활용해야 할 방법으로써, 성공한 사람들의 대부분은 끊임없는 자아성찰과 자아혁신을 통해서 꿈을 이뤘다. 다만 자아혁신을 이끌어내는 변화와 이를 위한 선택이 급진적이어서는 안 된다.

자아혁신이란 곧 자신이 걸어온 인생의 행로였다고 말할 수 있다. 자아혁신을 부르짖기 전에 스스로 자기 자신을 다스리고 변화시키는 일을 꾸준히 하는 것이 필요하다. 그것이 자신이 올바른 목표를 세우고 그것을 달성해 나가며 보다 충실한 삶을 이룩할 수 있도록 도와준다. 또한 지금까지 이렇다 할 성공을 이루지 못한 사람에게는 성공을 향한 새로운 지침을 제공하며, 이미 성공한 사람에게는 지금의 성공을 기반으로 한 삶의 혁신을 위해 새로운 도전의 기회가 될 수 있다.

무엇보다 가장 중요한 것은 생각으로만 머무는 것이 아니라 생각의 틀을 깨거나 또는 마음으로 깨닫고 행(行)으로 옮기는 것이다. 남녀노소를 막론하고 그 삶에 변화가 없다면 그의 인생은 이미 녹슬어 있는 것과 다름없다. 성공적인 삶을 위해서는 담담(淡淡)한 마음[*35]으로 끊임없는 자기계발과 혁신이 필요하다.

*35 고(故) 정주영회장이 살아생전에 강조했던 "담담(淡淡)한 마음"으로 펼치는 도전정신을 추억하는 사람들이 많다고 한다. 담담한 마음은 인간의 마음을 굳세게 해주고 총명함을 유지시켜 준다. 어떤 상황이나 일에 부딪쳤을 때 담담한 마음으로 임하면 평정심을 잃지 않고 문제해결이나 위험을 극복할 수 있는 지혜를 얻을 수 있다.
담담한 마음은 무슨 일을 할 때 갈피를 잡을 수 없이 뒤섞여 어수선하지 않고 말이나 생각이 정직한 상태를 말한다(모든 것을 복잡하게 생각하면 인간의 의지는 약해진다). 맑은 마음을 가질 때 좋은 생각이 나오고 담담한 마음을 가질 때 태도도 당당하고 굳세고 의연해지는 것이다.

자기혁신 성공방법

1. 끊임없는 자기계발로 역량을 키워라.

2. 뚜렷한 목표(단기 · 중기 · 장기)를 세워라.

3. 구체적인 실행계획을 수립하고 실천하라.

4. 매일 할 일을 순서대로 작성하여 실천하고 점검하라.

5. 환경변화와 새로운 일을 두려워 말고 기회로 생각하라.

6. 매너리즘(mannerism)을 경계하라.

 솔개의 혁신

솔개는 약 70세의 수명을 누릴 수 있지만 그러기 위해서는 약 40세가 되었을 때 중요한 결심을 해야만 한다. 왜냐하면 솔개는 약 40세가 되면 발톱이 노화하여 효과적으로 사냥을 할 수 없으며 부리도 길게 자라고 깃털도 두껍게 자라 하늘로 날아오르기가 힘들게 된다.

이때 솔개에게는 두 가지 중 하나를 선택해야 한다. 그대로 죽을 날을 기다리던가 아니면 약 반년에 걸친 매우 고통스러운 갱생과정을 거쳐 새롭게 태어나는 것이다. 갱생의 길을 선택한 솔개는 먼저 산 정상 부근으로 올라 그 곳에서 둥지를 틀고 고통스런 갱생을 시작한다. 먼저 부리로 바위를 쪼아 부리를 빠지게 만들고 새로운 부리가 돋아나면 새로 돋은 부리로 발톱을 하나하나 뽑아낸다.

그리고 새로 발톱이 돋아나면 이번에는 발톱으로 깃털을 하나하나 뽑아낸다. 약 반년이 지나 새 깃털이 돋아난 솔개는 완전히 새로운 모습으로 변신하게 된다. 그리고 다시 힘차게 하늘로 날아올라 30년의 수명을 더 누리게 되는 것이다.

인간도 남녀노소를 막론하고 그 삶에 변화가 없다면 그의 인생은 이미 녹슬어 있는 것과 다름없다. 끊임없는 자기계발과 혁신이 필요하다.

(전공: 학번: 성명:)

1. 자신의 행복지수를 측정해 보세요.

평가항목	매우 그렇다 (5점)	그렇다 (4점)	보통 이다 (3점)	아니다 (2점)	매우 아니다 (1점)
1. 아침에 기대감으로 눈을 떠본 적이 먼 옛일 같다.					
2. 나의 사회생활 능력은 평균 이상인데 사람들이 잘 몰라주는 것 같다.					
3. 남의 실수는 물론이고 나의 실수도 쿨하게 넘기질 못하는 편이다.					
4. 고민이 생기면 친구들을 붙잡고 속마음을 털어놔야 마음이 좀 편안 해진다.					
5. 나도 모르게 짜증 섞인 말이 튀어나와 가끔 깜짝 놀란다.					
6. 남들은 운동이다 다이어트다 열심히 하는 것 같은데 난 왜 자꾸 게을러지는지 모르겠다					
7. 돈이 웬수! 금전적인 스트레스에서 벗어나고 싶다					
8. 스트레스를 받으면 몸에 이상신호가 오기 시작한다. (변비, 설사, 소화불량, 어깨결림, 두통 등)					
9. 지금 나는 내가 꿈꾸던 일과는 다른 일을 하고 있지만 언젠가는 꼭 꿈을 이룰 것이다					
10. 친구나 가족, 연인과 더 많은 시간을 보내고 싶지만 사정이 여의치 않다.					
11. 아무 방해도 받지 않는 조용한 곳에서 혼자만의 시간을 꿈꾼다					
12. 나는 마음의 안정을 위해 명상을 배우고 싶다					

출처: sq.templestay.com, 불교문화사업단.

≫ 평가

점수	평가
16점 이하	평온한 자아를 가진 행복한 사람이다.
17~23점	가정이나 회사에 꼭 필요한 존재이기는 하지만 자신에게 소홀함으로 행복을 찾아야 한다.
24~43점	모든 것을 내려놓고 잠시 쉬어야 할 필요가 있다.
45점 이상	힘든 상태이지만 조금씩 마음을 열고 자신이 소중한 존재임을 잊지 말아야 한다.

(전공: 학번: 성명:)

2. 버킷리스트(bucket list)

버킷 리스트(bucket list)란 죽기 전에 꼭 해보고 싶은 일과 보고 싶은 것들을 적은 목록을 말한다.

2007년 미국에서 제작된 롭 라이너 감독·잭 니콜슨·모건 프리먼 주연의 영화 〈버킷 리스트〉가 상영된 후부터 "버킷 리스트"라는 말이 널리 사용되기 시작했다. 영화는 죽음을 앞에 둔 영화 속 두 주인공이 한 병실을 쓰게 되면서 자신들에게 남은 시간 동안 하고 싶은 일에 대한 리스트를 만들고, 병실을 뛰쳐나가 이를 하나씩 실행하는 이야기를 담고 있다.

"우리가 인생에서 가장 많이 후회하는 것은 살면서 한 일들이 아니라, 하지 않은 일들"이라는 영화 속 메시지처럼 버킷 리스트는 후회하지 않는 삶을 살다 가려는 목적으로 작성하는 리스트라 할 수 있다.

〈버킷리스트(bucket list)〉

해보고 싶은 것	시기	이유

작성요령: 자신의 내면을 살펴 진정으로 해보고 싶은 것을 정리한다.

리더십과 인성

리더십과 인성

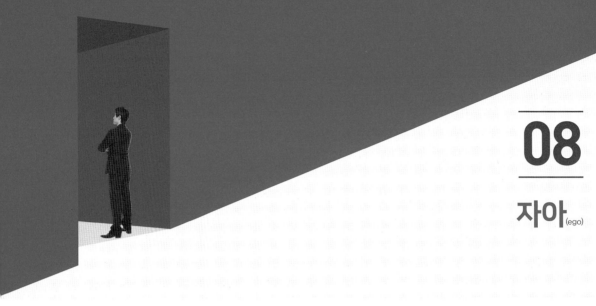

08

자아(ego)

1. 자아

자아란 자기 자신에 대한 의식이나 관념을 말한다. 즉, 자아란 "나는 누구인가?", 라는 물음에 내가 내 자신을 바라보는 관점이나 의식을 말하며, 자신이 학습하거나 경험한 것을 바탕으로 형성된다. 이렇게 형성된 자아는 주변상황이나 사건을 평가하는 판단기준이 되며, 자신의 진로선택에 직접적인 영향을 미치는 중요한 요인이다.

인간은 어떤 상황에 직면하거나 어려움에 부딪쳤을 때 그것을 긍정적으로 생각하느냐 또는 부정적으로 생각하느냐에 따라 인간의 감정과 행동이 전혀 다를 수 있다. 따라서 내가 내 자신을 긍정적으로 바라보면 긍정적 자아가 되고, 부정적으로 바라보면 부정적 자아가 되는 것이다. 이에 따른 결과는 자명*36할 것이다.

*36 자명: 설명하거나 증명하지 아니하여도 저절로 알 만큼 명백하다.
*37 수근반잔자여수족반잔자기차지대의(水僅半殘者與水足半殘者其差至大矣): 물이 겨우 반 남았다는 것과 물이 족히 반 남았다는 것은 그 차이가 지극히 클 것이다.

예를 들면, 자주 인용되는 격언*37 중에 컵에 물이 반이 남아 있는 상황은 똑 같은데 보는 관점에 따라 그 차이가 엄청날 수 있다. 즉 물이 반밖에 안 남았다고 생각하는 것은 부정적 사고이며, 물이 반이나 남았다고 생각하는 것은 긍정적사고이다. 이런 상황에서 이왕이면 좀 더 낙관적이고 긍정적으로 생각하는 것이 행동에 긍정적인 영향을 미칠 것이다. 그렇지만 그런 사고를 갖는 것 자체가 힘든 것도 사실이다.

미국의 철학자이자 심리학자인 제임스(W. James)는 자아의 구성요소를 물질적 자아, 사회적 자아, 심리적·영적 자아라고 주장하였다. 첫째, 물질적 자아는 나를 둘러싸고 있는 가시적인 물질적 측면, 즉, 외모나 신체적 특성, 물질적 소유물(주택, 자동차) 등을 말한다.

둘째, 사회적 자아는 타인과의 관계 속에서 나타나는 자신의 신분과 위치를 말한다. 즉, 사회적 관계나 역할을 통해 드러나는 인간의 사회적 측면의 자아, 즉 가족, 친구, 교육, 이성, 사회적 신분 등의 관계에서 나타나는 것을 말한다. 그러나 중요한 것은 이런 것들이 곧 자기 삶의 전부가 아니라 일부분일 뿐이라는 것을 잊어서는 안된다.

셋째, 심리적·영적 자아는 가치관이나 도덕기준 등과 관련된 내면적 특성을 말하는 것으로 성격, 능력, 적성 등을 말한다.

2. 자아정체성

자아정체성이란 자신의 독특성에 대해 느끼는 것으로 행동이나 사고의 변화에도 불구하고 자신이 누구인가를 비교적 일관되게 인식하는 것을 말한다. 자아정체성을 규정하는 것은 첫째, 남과 다른 자기만의 독특한 특징을 지녀야 한다. 내가 남과 다르다는 것은 어릴 때부터 생기며, 청소년이 되었을 때 이러한 자기만의 특징은 취미생활, 적성 등에서 나타난다.

*38 내면화: 타인의 인지기능, 태도, 가치관 등을 자신의 사고체계에 병합시키는 것

둘째, 그런 특징들이 비교적 오래 지속되어야 한다. 자신만의 독특한 특징이 수시로 변화는 것은 자아정체성이 아니다. 그러나 환경변화나 사건 등을 경험하면서 내면화*38를 통해 변화하는 것이다.

셋째, 자아정체성의 특징은 윤리적이고 도덕적이어야 한다. 자아정체성의 특징이 반사회적일 때는 그것을 자아정체성이라고 할 수 없다.

그렇다면 자아정체성을 어떻게 찾고 확립할 것인가?, 그것은 여러 방법이 있을 수 있는데 자신의 소질을 찾는 것이 좋은 방법이다. 소질은 태어날 때 두리뭉실하게 태어나지만 예술이나 체육분야는 어릴 때 쉽게 알 수 있다. 그러나 다른 분야는 쉽게 알 수 없으므로 자신이 관심있는 분야에 대한 다양한 경험을 하다보면 좋은 결과가 나오고 재미를 느끼면 그것이 자기 적성에 맞는 것이다. 그렇지 않다면 다른 새로운 것을 찾아야 한다. 자신이 좋아하고 잘할 수 있는 것은 실천을 통해 노력하지 않으면 찾을 수 없다.

발달심리학자인 에릭슨(E. Erikson)은 자아정체성을 다음과 같이 설명하고 있다. 첫째, "~로서의 나" 사이의 통합의식이다. 이는 사회적 존재인 개인은 학생으로서의 나, 아들·딸로서의 나, 모임에서의 나 같은 다양한 지위를 지닌다. 자아는 이러한 다양한 관계를 하나로 통합하는 역할을 한다.

둘째, "과거, 현재, 미래의 나"사이의 연속의식이다. 이는 과거의 나, 현재의 나, 미래의 나를 연속적으로 인식하고 자신의 행동에 신뢰감과 안정감을 갖게하는 역할을 한다.

셋째, "주체적 자아와 객체적 자아"사이의 조화의식이다. 이는 내가 나를 인식하는 주체적 자아와 타인이 나를 인식하는 객체적 자아를 일치시키는 것이다. 주체적 자아가 지나치게 발달하면 자아도취적인 태도를 지니게 되고, 객체적 자아가 지나치게 발달하면 타인에게 지나치게 의존한다. 이 두 자아가 조화를 이룰 때 너와 나의 관계가 정립될 수 있다.

넷째, "나는 나다"라는 실존의식이다. "나"라는 존재는 생물학적으로는 부모로부터 태어났지만 실존적으로는 오직 나인 존재이다. "나는 나다"라는 실존의식이 있어야만 자기 기준과 자기만족에 대해 스스로 판단할 수 있다.

이러한 자아정체성이 확립되어있어야만 자신의 삶을 스스로 선택하고 행복한 삶을 살 수 있다. 따라서 자신의 진로를 선택할 때 자아정체성을 바탕으로 삶의 의미를 찾고 방향이나 목적을 설정하는 것이 바람직하다.

3. 자아노출

1) 자아노출의 효과

자아노출은 자신의 신상에 관한 기술이나 감정 혹은 생각을 남에게 전달하는 커뮤니케이션을 말한다. 즉, 개인이 의식적으로 언어적 또는 비언어적 수단을 통하여 자신의 생각, 감정, 경험 등에 관한 정보를 타인에게 표현하는 것을 말한다.

일반적으로 개방적인 자아노출은 감정정화, 복잡한 상황 정리, 인간관계 개선 등과 같은 긍정적 측면이 있는 반면 잘못된 자아노출은 상대방에게 부정적인 인식, 사회적 편견, 나의 약점 노출 등의 부정적 측면이 있을 수 있다.

원만한 인간관계를 위해서는 자신이 먼저 마음의 문을 열고 타인에게 다가가야지만 타인도 마음의 문을 열고 진실하게 대한다. 자신의 마음의 문은 오직 자신만이 열수 있으므로 마음의 문을 활짝 열고 타인과 정보를 공유하는 것이 인간관계를 심화시켜준다.

그러나 무조건적인 자아노출은 자제해야하며 적절한 자아노출이 바람직하다. 즉, 건전한 자아노출은 균형잡힌 자아노출이며, 이는 자아노출의 대상이나 시간과 내용에 따라 노출수위를 정해야 한다는 뜻이다.

최근에는 자아노출을 통해 상담의 효과를 높이거나 치료법으로 활용된다. 실제로 상담이나 심리치료에 있어서 적절한 시기에 상담자가 자신의 신상이나 경험, 생각, 감정을 말함으로써 내담자가 자신의 문제 상황을 보다 분명하게 이해하거나 문제를 스스로 해결하는 방안을 찾는데 도움을 준다. 또한 사람들이 어떤 정서를 경험하게 만든 스트레스나 외상과 같은 부정적 사건에 대해 말이나 글을 쓰게 함으로써 자신의 정서를 표현하게 하는 치료법도 있다.

2) 조해리의 창(Johari's Window)

인터넷–미국의 심리학자 조지프 루프트(Joseph Luft)와 해리 잉검(Harry Ingham)은 인간의 마음을 네 가지 영역으로 나누었는데 두 사람의 이름을 따서 "조해리의 창(Johari's Window)"이라고 한다.

"조해리의 창"에 따르면 인간의 마음은 자신도 알고 타인도 아는 부분, 자신은 알지만 타인은 모르는 부분, 타인은 알지만 자신은 모르는 부분, 타인도 모르고 자신도 모르는 부분으로 나눈다. 자신은 알지만 타인은 모르는 부분을 용기 내서 드러내고, 타인은 알지만 자신은 모르는 부분을 진정으로 받아들이면서 인간은 성숙해진다. 자신도 알고 타인도 아는 부분은 저절로 인정받게 마련이다. 그런데 자신은 알지만 타인은 모르는 치부를 감추고, 타인은 알지만 자신은 모르는 단점을 부정하다 보면 지나친 과시가 일어난다. 그래서 타인에게 과시할만한 지위에 오르기 위해서 모든 것을 희생하거나 타인에게 과시할 수 있는 주택, 자동차, 명품을 장만하고 돈을 벌기 위해서 애를 쓴다.

이에 앞서 자신은 과시를 해서 감추고자 하는 마음은 없는지, 과시를 통해 부정하고자 하는 마음이 없는지를 살펴보는 것이 필요하다.

조해리의 창

영역	자신이 아는 부분	자신이 모르는 부분
타인에게 알려진 부분	개방된 자아 (open self)	가려진 자아 (behind self)
타인에게 알려지지 않은 부분	숨겨진 자아 (hidden self)	미지의 자아 (unknown self)

영역별 특징

영역	특징
공개적 영역 (open area)	자신도 인식하고 타인도 인식하고 있는 자신에 관한 정보를 의미한다. 이 유형은 타인과 교류가 활발하고 대체로 원만한 인간관계를 맞는다. 또한 자기표현을 적절히 하면서 타인의 말을 잘 경청하는 사람으로서 다른 사람에게 호감과 친밀함을 주는 사람이 이 영역에 포함된다. 따라서 갈등을 거의 유발하지 않는다.
맹목적 영역 (blind area)	타인은 잘 알고 있지만 오히려 그 자신은 자기에 관하여 모르고 있는 부분이다. 그 결과 개인은 타인이 그것을 건드리면 우발적으로 화를 낼 수 있으며 갈등을 유발할 수 있다. 자기주장형, 전제형, 맹목적형인 사람들이 이 영역에 포함된다.
숨겨진 영역 (hidden area)	자신에 대해 자신은 인식하지만 타인은 나에 대해 인식하지 못한다. 신중형인 이 영역은 현대인에게 가장 많은 유형으로 알려져 있다. 이 영역의 사람들은 다른 사람의 이야기는 잘 듣지만 자신의 이야기는 잘 하지 않기 때문에 계산적이고 실리적인 경향이 있다. 사회생활에 잘 적응하지만 내면적으로는 고독감을 느끼는 경우가 많으며 타인의 협력을 구하기 어렵다.
미지의 영역 (unknown area)	자신에 대해 자신도 인식하지 못하고 타인도 인식하지 못한다. 이 영역은 고립형 인간관계유형이며, 이 영역의 사람들은 인간관계에 있어 소극적이고 혼자있는 것을 좋아한다. 따라서 이 유형의 사람은 좀 더 적극적이고 긍정적인 태도를 가질 필요가 있다.

시사점: 대인관계에서 갈등이 발생하는 것은 숨겨진 자아, 맹목적 자아, 미지의 자아가 차지하는 부분이 크기 때문이다. 따라서 인간관계를 잘하기 위해서는 미지의 영역을 줄이고, 개방적 영역을 넓히는 것이 바람직하다. 즉, 활발한 인간관계가 이루어지는 개방형(공개적 영역)이 가장 바람직한 유형이라고 할 수 있다.

4. 자아암시(autosuggestion)

일체유심조(一切唯心造)는 "세상사 모든 일은 자신이 마음먹기에 달려있다"는 뜻이다. 길흉화복(吉凶禍福)·흥망성쇠(興亡盛衰)·희로애락(喜怒哀樂) 등은 다 밖으로부터 오는 것이 아니요, 인간의 마음이 들어서 그렇게 만든다는 것이다. 자신의 내면을 살펴 긍정적 사고를 갖도록 하자.

자아암시는 나의 무의식에 자신이 원하는 바를 주입하는 것이다. 즉, 제 3자가 아닌 내가 나를 이끌어 가는 주체가 됨으로써 주도적으로 자신의 삶을 바꾸어가는 것이다.

사람은 같은 말을 반복해서 하거나 듣다 보면 또는 자신이 원하는 바를 꾸준히 말하고 다짐하다 보면 믿음이 생기고 확신을 키우게 된다. 그러다보면 불가능하게 보였던 일들이 이루어지고 복잡한 문제들이 하나 둘 해결되는 경험이 있을 것이다. 이처럼 자아암시는 목표의식을 고취하고 성장을 돕는 유용한 역할을 담당한다. 즉, 성공을 마음에 그리면서 스스로 발전을 이루는 과정을 말한다.

예를 들면, 취업준비생이 합격 뒤의 밝은 미래를 상상하거나 경영자가 아침마다 자신의 성공을 다짐하는 것도 모두가 같은 원리이며, 유명 스포츠 선수들의 기록 경신에도 많이 사용되는 방법이다. 올바른 기술 습득을 위하여 머릿속에 그 운동이나 동작을 그려 보는 이미지 트레이닝(image training)이 실질적으로 선수들의 경기력을 향상시켜준다.

자기암시는 여러 가지 실험을 통해서 큰 효과가 있는 것으로 밝혀졌으며, 가장 효과 있는 자기암시는 자신의 미래(성공)를 그려보는 자기암시이다. 미래를 그려보는 자기암시는 자신의 운명까지도 바꿀 수 있다. 인간의 능력은 무한하다고 한다. 하지만 자기 스스로 한계를 짓기 때문에 할 수 없는 것이다. 따라서 "나는 할 수 있다(I can do it!)"는 자신감으로 갖고 현실적 문제를 슬기롭게 대처하고 미래의 성공을 위해 준비하고 노력해야 한다. 이러한 자기암시가 긍정적인 에너지가 생기고 동기부여가 되어 하는 일에 더 전력할 수 있다. 이때 "매일 최선을 다하자"라는 원론적인 다짐보다는 구체적으로 미래의 자신의 모습(취직, 시험합격, 경영자, 전문가, 연예인)을 그려 보는 것이 성공가능성을 높일 수 있다.

자기암시 10가지 법칙

1. 간절히 원하면 이루어진다 라는 믿음을 갖는다.

2. 자신의 내면을 살피고 덕(德)을 쌓는다.

3. 긍정적이고 적극적인 마인드를 가져라.

4. 습관처럼 성공을 말하라. 할 수 없다고 말하는 순간 실패한다.

5. 자신이 원하는 것을 존중하고 믿고 행(行)하라.

6. 모든 원인은 내 탓이다. 그래야 현실을 인정하고 새로운 변화를 사도할 수 있다.

7. 내일은 없다. 미루지 말라.

8. 불안은 실패의 지름길이다. 평정심을 유지하라.

9. 하루에도 수십번씩 반복해서 말하라.

10. 잠들기 전에 하루를 반성하고 긍정적인 상상을 해라.

5. 첫인상(first impression)

미국의 링컨 대통령은 "모든 사람은 나이 40이 되면 자기 얼굴에 책임을 져야 한다(Every man over forty is responsible for his face)"라고 했다. 이는 그 사람이 40년동안 살아온 인생의 모든 것이 얼굴을 통해 나타난다는 의미일 것이다.

인상이란 어떤 사람이나 사물에 대해 총체적으로 요약된 평가를 말한다. 예를 들면, 인상은 얼굴, 복장, 헤어스타일, 태도, 목소리 등을 통해 형성되며, 일단 형성된 첫인상은 쉽게 바뀌지 않는다. 동일한 정보라도 먼저 제시된 정보가 더 큰 힘을 발휘하는 "초두효과(primacy effect)"처럼 한번 형성된 첫인상(좋은 또는 나쁜)은 콘크리트처럼 단단해 향후 관계나 의사소통에 지속적으로 영향을 준다.

이와 반대현상으로는 "빈발효과(Frequency Effect)"가 있는데, 이것은 첫인상이 나쁘더라도 반복해서 제시되는 행동이나 태도 등에서 첫인상과는 달리 진솔한 모습을 보이게 되면 점차 좋은 인상으로 바뀌는 현상을 말한다.

첫인상은 소통의 시작이다. 직접 만나 이야기하는 커뮤니케이션 뿐만 아니라 트위터나 페이스북과 같은 SNS(Social Networking Service)를 통해 만난 상대에 대해서도 첫인상을 형성한다.

따라서 첫인상을 좋게 할 필요가 있다. 선천적으로 타고난 신체적 조건은 고치기 힘들지만 혈색이나 자아이미지는 자신이 마음먹기에 따라 얼마든지 자신감 있고 호감 주는 인상으로 만들 수 있다.

인상을 좋게하는 방법은 첫째, 일반적으로 우리는 겉으로 드러나는 외모나 옷차림만으로 사람을 판단하는 경향이 있으므로 얼굴, 복장, 헤어스타일 등을 단정하고 깔끔하게 관리해야한다. 하지만 더 예뻐지기 위한 성형은 당장은 젊고 예뻐 보여 만족스러울지 몰라도 나중에 부작용이 나타날 수 있으므로 주의해야 하며, 보기 흉한 상처나 기형적인 부분에 한정해서 하는 것이 바람직하다.

둘째, 좋은 인상은 외모도 중요하지만 인간의 마음에서 나오는 것이다. 인간을 가장 아름답게 만드는 것은 덕을 쌓아가는 것이다. 덕을 쌓아가기 위해서는 언제나 긍정적인 삶을 살고, 매사에 감사할 줄 알아야 한다. 편안하고 좋은 인상은 하루아침에 만들어지지 않기 때문에 꾸준히 노력하고 관리해야 한다.

셋째, 사람들은 편안하고 인간적인 인상을 가진 사람을 선호한다. 이것은 직장생활, 사회생활을 하는데 긍정적인 영향을 준다. 호감있는 인상을 만들기 위해서는 화려한 이미지보다는 자신만의 개성있는 이미지를 연출하고, 자신에게 어울리지 않는 고급 밍크코트보다는 깨끗하고 검소한 자신과 잘 어울리는 옷을 입는 것이 좋다.

가장 좋은 인상은 내면으로부터 나오는 인상이며 외모는 깔끔하고 단정하게 가꾸고 성실한 자세, 건강한 모습, 겸손한 태도 등 자신의 특징을 살려 자신만의 자아이미지(self-image)를 만드는 것이 무엇보다 중요하다.

첫인상 5초의 법칙

　상대방에게 자신의 이미지를 각인시키는 데 5초밖에 걸리지 않는다는 "첫인상 5초의 법칙"이 있다. 첫 5초간에 각인된 인상은 그 사람을 판단하는 기준이 되어 잘 바뀌지 않으며 이를 바꾸기 위해서는 60회 이상의 만남을 가져야만 조금씩 변한다고 한다. 콘크리트 법칙이라고도 한다.

 좋은 인상 만드는 법

1. 이미지 트레이닝(동경하는 사람을 떠올리며 닮으려 노력)을 한다.

2. 내면을 살피고 덕을 쌓는다 → 매일 30분씩 명상이나 하루일과를 정리한다.

3. 건강관리를 한다 → 일주일에 3~4번정도, 1시간씩 규칙적으로 운동을 한다.

4. 미소 짓는 습관을 갖는다 → 거울을 보고 웃는 연습을 한다.

5. 진정어린 눈빛으로 교정한다 → 눈은 마음의 창이다.

(전공: 학번: 성명:)

1. 나는 어떤 사람인가에 대해 생각해 본다. 자신의 내면을 살펴 구체적으로 작성한다.

작성요령: 자아정체성, 가치관, 성향, 강점 및 약점, 능력, 꿈 등을 고려하여 작성한다.

(전공: 학번: 성명:)

2. 다른 사람들이 나를 어떻게 생각하는지를 알아본다.

구분		주변사람들(가족, 친구) 생각
성향	장점	
	장점	
재능·소질		
신체조건		

리더십과 인성

09

개인차

인간은 누구나 개인차가 있다. 자신의 진로를 선택할 때 지능·감성·성향·신체조건 같은 개인차와 소질·흥미를 고려하여 결정하는 것이 바람직하다.

예를 들면, 대부분 운동선수의 경우 신체조건·감각기능, 경영자의 경우 지적능력·판단력·리더십, 셰프(요리사)의 경우 미각·감각기능, 미용사의 경우 미적·감각기능, 네이미스트(Namist)의 경우 언어감각·창의력, 이미지 컨설턴트의 경우 미적·관찰력이 뛰어나면 유리하다고 볼 수 있다.

그러나 이러한 것은 절대적인 것이 아니며 노력을 통해 얼마든지 극복할 수 있다.

1. 지능·감성·사회지능

인간이 지니고 있는 지능·감성·사회지능은 타고난 유전적 요인과 후천적 환경적 요인의 영향을 받아 형성되므로 개인마다 모두 다르다. 그러므로 개인차는 신체조건, 지능, 성향, 욕구, 소질, 흥미, 경험, 학습, 종교, 감각, 능력 등 헤아리기 어려울 정도로 많으며, 또한 그 분류방법도 학자에 따라 다양하다.

개인차에 대한 연구는 사회가 복잡화·고도화됨에 따라 더욱 발전하고 있다. 최근에는 개인차를 과학적으로 측정하여 기업의 조직관리에 적용할 뿐만 아니라 다른 분야에도 폭넓게 활용되고 있다. 실제로 기업에서는 직원을 선발할 때 해당직무를 가장 잘 수행할 수 있는 자질과 역량을 갖춘 자, 즉, 직무적합도[39]를 평가하여 채용하고 있다.

*[39] 직무적합도: 예를 들면 기업에서 회계 업무 담당자를 채용한다면 그 업무를 가장 잘 수행할 수 있는 자격과 역량을 갖춘자, 즉 회계전공, 전문지식, 회계관련 자격증, 회계관련 경험(A/R, 인턴) 등을 중점적으로 평가한다.

1) 지능(IQ; Intelligence quotients)

지능은 개인이 어떤 문제를 합리적으로 사고하고 해결하는 인지적 능력과 학습 능력을 포함하는 총체적인 능력을 말하며, 기억력뿐만 아니라 지각력, 상상력, 판단력, 추리력 등도 포함한다.

예전에는 지능은 선천적으로 타고나는 고정적인 특성으로 가정하여 측정된 지능의 개인차를 근거로 선발하였지만, 최근에는 지능을 후천적으로 성장하는 변동적인 능력으로 판단하고 환경, 훈련, 자극 등을 통해 지적능력을 향상시키고 있다.

또한 인간은 잠재된 다방면의 뛰어난 다중지능이나 잠재능력을 지니고 있기 때문에 지능지수만을 가지고 인간을 판단하거나 선입견을 가져서는 안된다.

♘ IQ 분류등급표

IQ-분류	IQ-분류	IQ-분류	IQ-분류
140이상-최우수	110~119-평균(상)	90~99-평균	70~79-장애한계
130~139-우수	100~109-평균	80~89-평균(하)	69이상-정신박약

출처: http://blog.naver.com(재구성)

2) 감성지수(EQ; emotional quotients)

감성지수는 IQ와 대조되는 개념으로 자신의 감정을 적절히 조절하고 원만한 인간관계를 구축할 수 있는 "마음의 지능지수"를 뜻한다. 즉, 감정지수란 타인의 감정과 자신의 감정을 이해하고 적절히 대처하는 능력이다.

최근에는 감성지수에 대한 관심이 높아지고 있다. 이는 각박해진 현대사회에 대한 불안한 심리와 물질만능주의, 나아가 인터넷 환경을 이용한 SNS(Social Network Services)의 급속한 성장에 따른 타인과의 유대가 결여된 비인격적 인간관계 때문인 것으로 분석된다.

감성을 다른 관점에서 살펴보면 첫째, 감각기관(오감)이 외부로부터 자극을 받아 감각·지각을 생기게 하는 감수성을 의미한다. 둘째, 도덕적 감성은 이성의 선·악에 대한 판단에 따라야 하는 감각으로부터 일어나는 충동·욕망으로 간주한다. 셋째, 심리학에서는 감성은 자극과 자극의 변화에 대한 감각적 감도의 예민한 정도를 가리킨다. 자극감성이라고도 한다.

3) 사회지능지수(SQ; social intelligence quotients)

*40 사회성: 사회생활을 하려고 하는 인간의 근본 성질. 인격, 혹은 성격 분류에 나타나는 특성의 하나로 사회에 적응하는 개인의 소질이나 능력, 대인 관계의 원만성 정도.

사회지능은 사회성[40]과 밀접한 관련이 있다. 이는 사회적 관계나 인간관계에서 타인을 이해하고 동시에 그 관계 속에서 적절하게 대처하고 행동하는 능력을 말한다.

최근 미국의 심리학자 다니엘 골먼(D. Goleman)은 사회지능의 중요성을 강조하고 있다. 기업이 생산성을 높이고 공동의 목표를 달성하기 위해서는 효율적인 조직을 구축해야한다. 이때 조직 구성원들은 상호관계나 업무를 수행하는 과정에서 직·간접적으로 부딪치게 되는데 사회지능지수가 높으면 업무성과나 부하를 통솔하는데 긍정적인 효과를 기대할 수 있다. 따라서 기업에서는 관리직(임원)을 발탁할 경우에 사회지능과 감성지능을 갖춘 인재를 우선적으로 선발하는 사례가 많아지고 있다.

2. 신체조건·감각기관

　대개 육안으로 식별할 수 있는 신체조건에서도 개인차가 있다. 예를 들면, 덩치가 큰 사람도 있고 작은 사람도 있고, 몸이 뚱뚱한 사람도 있고 왜소한 사람도 있고, 힘이 센 사람도 있고 약한 사람도 있다. 따라서 자신의 진로를 선택할 때 체력을 요구하는 특정분야는 신체조건을 고려해야 한다.

　감각기관에 있어서도 개인차가 있다. 인간은 오감(시각, 청각, 후각, 미각, 촉각)을 통해 어떤 자극을 받아들이고 여기서 얻은 각각의 정보를 조직화하여 나름대로 해석(이해)함으로써 안전하게 일상생활을 유지한다. 또한 이러한 지각과정을 통해 총체적으로 판단함으로 하나의 감각에 장애가 있더라도 다른 감각정보로 보완할 수 있다. 대개 육안으로 식별할 수 있는 신체조건과 달리 오감은 육안으로 식별하기 어렵다.

3. 가치관

　가치관은 인간이 어떤 세계나 그 속의 어떤 대상에 대하여 가지는 평가의 근본적 태도나 관점을 말한다. 즉, 개인이 나름대로 가지고 있는 가치에 대한 관념을 말하며 옳은 것, 바람직한 것, 해야 할 것 등에 대한 일반적인 생각을 가치관이라 한다.

　인간은 자라면서 부모, 교사, 친구, 대중매체(TV, 신문), 종교, 여행, 경험, 학습 등의 영향을 받아 형성된 가치관은 주관적이고 지속적이며 안정적인 속성을 갖고 있다.

　가치관은 개인적 가치관과 사회적 가치관으로 구분한다. 개인적 가치관은 개인의 선호의지에 따라 명백해지는 반면 사회적 가치관은 개인적 가치관 보다 범위가 넓고 안정적이며 공식성을 지닌 전체 사회문화의 공약을 의미한다.

이러한 가치관은 인간의 행동에 직접적인 영향을 미치며, 여러 가지 대안 중 하나를 선택할 때 판단의 기준이나 표준이 된다.

4. 성향

성향은 개인을 특징짓는 지속적이며 일관된 행동양식을 말한다. 성향은 일반적으로 선천적으로 타고난 유전적 요인과 외적 환경요인의 영향을 받아 형성되며, 흔히 성격, 인품, 인격 등의 의미로 사용된다.

성향은 다음과 같은 특징이 있다. 첫째, 인간의 사고, 감정, 행위 등과 같은 일련의 행동과 관련이 있으며, 한 개인의 성향은 그 개인의 행동을 관찰하는 타인에 의해 판단된다.

둘째, 동일한 자극에 대해 일관되게 지속적으로 반응하려는 행동경향을 지닌다. 셋째, 다른 사람과 구별할 수 있는 독특성을 지니고 있다.

1) 성향의 결정요인

초기의 성향연구는 인간이 태어날 때부터 선천적인 유전의 영향을 받아 형성되느냐 아니면 후천적인 환경의 영향을 받은 형성되느냐가 관건이었는데, 성향은 이들 두 가지 상호 결합의 결과이다. 최근에는 제 3의 요인인 상황이 성향에 미치는 영향에 대해 관심이 고조되고 있다.

원만한 인간관계를 위해서는 상대방과 조화를 이룰 수 있는 성격을 가져야 한다. 그러기 위해서는 먼저 자신의 성향을 잘 파악하여 강점은 강화하고 약점은 보완하려는 노력을 기울여야 한다. 최근 기업에서 필요로 하는 인재상은 직무수행능력은 물론 조직에 잘 화합할 수 있는 "인성을 갖춘 자"라는 것을 가슴깊이 새겨야 한다. 이를 위해 평소에 바른 인성을 갖추도록 끊임없이 노력해야 한다.

2) 성향을 분석하는 방법

혈액형

혈액형은 피 속의 세포 표면에서 항원역할을 하는 물질이 무엇인가에 따라 구분하는 방법이다. 가장 널리 알려진 혈액형은 A 또는 B항원을 가지고 있는지 아닌지에 따라 구분하는 방법이다. 혈액형별로 성향의 특징을 살펴보면 다음과 같다.

혈액형별 특징

구분	남성	여성
A형	• 남의 말을 잘 들어준다. • 예의바른 모범생 타입으로 대인관계에서 주변 사람들과 잘 조화를 이룬다. • 안정적이고 착실한 사랑을 하며 결혼을 할 때에는 다소 소극적이다. • A형에게 호감이 있는 여성은 처음에는 한 발 물러서서 천천히 접근하는 것이 좋다. • 자존심이 강한 편이며 상처를 잘 받는다.	• 대체로 세심하고 꼼꼼하다. • 상대방의 입장을 잘 배려하지만 다소 소극적이고 주관이 뚜렷하지 못한 모습을 보이기도 한다. • 조심스럽고 애틋한 사랑을 기다리며 사귀기 시작하면 일편단심이다. • 보수적 성향이 강해서 성급한 접근은 피해야 한다.
B형	• 주관이 뚜렷하고 개인주의적인 성향이 강하다. • 독립성이 강하고 짜 맞춰진 틀이나 고정관념을 깨는 생각이나 행동을 한다. • 연애를 할 때도 자유로우며 편안한 관계로 발전된 사랑을 한다. • 분위기를 잘 타는 감성적 성향이 있으므로 좋은 타이밍을 이용하여 상대해야 한다.	• 독립적이고 개성이 강하지만 어떤 대인관계도 잘 적응한다. • "될 대로 되라"식의 자유로운 생각이 있어 때로는 도발적 행동으로 주위를 놀라게 할 수 있다. • 개성이 강하며 겉으로는 활달하지만 속으로는 깊은 생각을 한다. • 자기애가 강하다.

구분	남성	여성
O형	• 사교성, 대인관계가 좋으며 주변에 항상 사람이 많다. • 열정적이고 적극적인 행동파이고 어떤 분위기도 리드해 나갈 수 있는 능력이 있다. • 리더쉽과 승부욕이 강하다. • 솔직하고 직접적으로 접근하는 것이 효과적이다. • 사랑에 있어서도 서슴없이 먼저 뛰어든다.	• 자유로우면 여성운동가 타입의 성향을 보인다. • 자신의 매력을 잘 표출하여 솔직하고 확실한 성격으로 많은 사람에게 인기를 얻을 수 있다. • 순간순간의 문제 해결력이 뛰어나고 단순하지만 그 구도는 머릿속에 그리고 있다. • 사회생활도 결코 뒤지지 않으려 할 것이며 멋진 커리어 우먼을 그린다.
AB형	• A형의 치밀함과 B형의 독립적, 개인적인 성향, 즉 양면적인 성향을 가지고 있다. • 인간관계를 밀착하지 않고 좀 떨어져서 대하기 때문에 숨기는 부분들이 있다. • 남과의 만남이 깊어지는 것을 꺼려하며 계획적으로 일을 수행하려 한다. • AB형에게 사랑을 얻기는 그리 쉽지 않다. 하지만 한번 담은 사랑은 쉽게 변하지 않는다.	• 무언가 베일에 싸인듯한 느낌의 신비감을 조성한다. • 이것저것 잔재주가 많고, 개인적인 자기 일에 굉장히 충실하다. • 지적이고 합리적이며, 치밀한 계획에 따라 행동하려는 경향이 있고 자기 관리를 잘한다. • 시간을 두고 자연스레 가까워지는 만남을 하며 부담스런 관계는 거부한다. • 합리적이고 차가운 성격의 그녀에게 첫 눈에 반하는 상대는 나타나지 않는다.

MBTI

MBTI(Myers–Briggs Type Indicator)는 마이어스(Myers)와 브릭스(Briggs)가 정신분석학자인 칼 융(Carl Jung)의 심리 유형론을 토대로 고안한 자기 보고식 성격유형 검사도구이다.

MBTI는 다음과 같은 4가지 분류 기준에 따라 구분한다. 첫째, 정신적 에너지의 방향성을 나타내는 외향–내향(E–I) 지표 둘째, 정보 수집을 포함한 인식의 기능을 나타내는 감각–직관(S–N) 지표, 셋째, 수집한 정보를 토대로 합리적으로 판단하고 결정 내리는 사고–감정(T–F) 지표, 넷째, 인식 기능과 판단 기능이 실생활에서 적용되어 나타난 생활양식을 보여주는 판단–인식(J–P) 지표로 구분한다.

MBTI는 이 4가지 선호 지표가 조합된 양식을 통해 16가지 성격유형을 설명하여 성격적 특성과 행동의 관계를 이해하도록 한다. MBTI는 시행이 쉽고 간편하여 학교, 직장, 군대 등에서 광범위하게 사용되고 있다.

대부분 학교에서 성향검사를 실시하고 있기 때문에 학생들은 저학년때 받아보는 것이 바람직하다.

MBTI의 16가지 유형

ISTJ (내향성 감각형)	ISFJ (내향성 감각형)	INFJ (내향성 직관형)	INTJ (내향성 직관형)
세상의 소금형	임금 뒤편의 권력형	예언자형	과학자형
ISTP (내향성 사고형)	ISFP (내향성 감정형)	INFP (내향성 감정형)	INTP (내향성 사고형)
백과사전형	성인군자형	잔다르크형	아이디어 뱅크형
ESTP (외향성 감각형)	ESFP (외향성 감각형)	ENFP (외향성 직관형)	ENTP (외향성 직관형)
수완좋은 활동가형	사교적인 유형	스파크형	발명가형
ESTJ (외향성 사고형)	ESFJ (외향성 감정형)	ENFJ (외향성 감정형)	ENTJ (외향성 사고형)
사업가형	친선도모형	언변 능숙형	지도자형

혈액형별 특징 MBTI 유형별 특징

유형별	특징
세상의 소금형	시작한 일은 끝까지 해내는 사람
임금 뒤편의 권력형	성실하고 온화하며 협조를 잘하는 사람
예언자형	통찰력 있는 사람
과학자형	부분을 통합하여 비전을 제시하는 사람
백과사전형	논리력, 상황적응력이 뛰어난 사람
성인군자형	따뜻한 감성을 지니고 겸손한 사람
잔다르크형	이상적인 세상을 만들어 가는 사람
아이디어 뱅크형	비평적인 관점을 지니고 있는 전략가
수완좋은 활동가형	다양한 활동을 선호하는 사람
사교적인 유형	분위기를 고조시키고 우호적인 사람
스파크형	열정적으로 새로운 관계를 만드는 사람
발명가형	상상력을 가지고 새로운 것에 도전하는 사람
사업가형	사업수행능력이 뛰어난 사람
친선도모형	다른 사람들에게 봉사하는 사람
언변 능숙형	언변이 좋고 타인과 협동하는 사람
지도자형	비전을 가지고 적극적으로 이끌어 가는 사람

에니어그램

"에니어그램"이란 말은 그리스어의 "아홉(ennea)"이란 단어와 "모형(gram)"이란 단어를 조합한 것이며, 기원전 2500년경부터 중동아시아에서 유래한 고대의 지혜로 알려져 있다.

에니어그램은 인간을 9가지 성향으로 분류하는 성향유형의 지표이자 인간을 이해하는 틀이다. 즉, 인간이 느끼고 생각하고 행동하는 유형을 9가지로 분류하여, 이 중 하나의 유형을 타고난다고 설명하는 행동과학이다. 9가지 유형은 각각 독특한 사고방식, 감정, 행동을 표현하며, 이는 서로 다른 발달행로와 연결된다.

에니어그램에는 "어느 타입이 뛰어나고 어느 타입이 열등한가?"라는 우열은 없다. 어느 타입이라도 장·단점을 갖고 있으며, 각 타입의 사람들은 모두 다 사회에서 중요한 역할을 한다는 것이다.

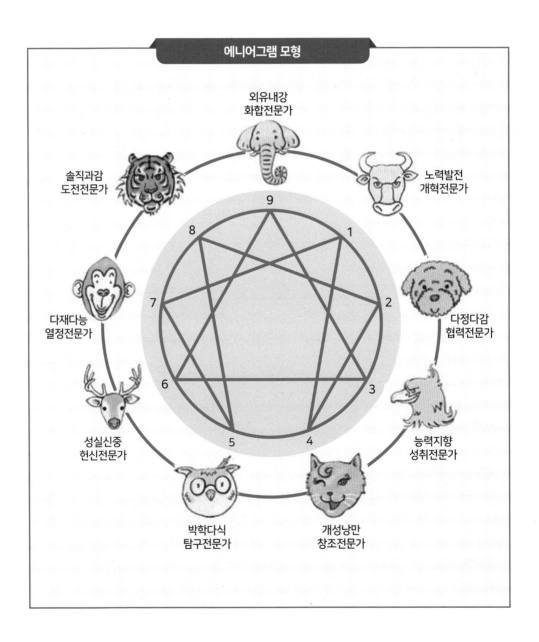

에니어그램 모형

에니어그램 유형별 특징

유형별	특징
1유형	완벽함을 추구하는 개혁전문가
2유형	타인에게 도움을 주려는 조력전문가
3유형	성공을 중시하는 성취전문가
4유형	특별한 존재를 지향하는 창조전문가
5유형	지식을 얻어 관찰하는 지식전문가
6유형	안전을 추구하고 충실한 질문전문가
7유형	즐거움을 추구하고 계획하는 선택전문가
8유형	주장이 강한 도전전문가
9유형	조화와 평화를 바라는 화합전문가

MBTI와 에니어그램의 특징 비교

MBTI	에니어그램
• 각 유형의 개성을 살린 개별화된 인간을 이상적인 인간상으로 본다.	• 내면세계에서 모든 유형을 통합시킨 초월적 인간을 이상적인 인간상으로 본다.
• 이분법으로 성격을 분류한다.	• 삼분법으로 성격을 분류한다.
• 기본 유형의 갯수는 16개이다.	• 기본 유형의 갯수는 9개이다.
• 성격유형은 독립적이고 불연속적이다.	• 성격유형은 연결되어 있고 연속적이다.
• 행동 자체에 초점을 맞춘다.	• 행동의 동기에 초점을 맞춘다.
• 강점과 선호경향을 강조한다.	• 약점과 내면의 집착을 강조한다.
• 인간의 성격 성향은 환경에 따라 변한다고 본다.	• 완성된 성격은 결코 변하지 않는다고 본다.

출처 : http://cafe.naver.com(재구성)

DISC(행동유형)

　한국교육컨설팅 연구소는 개개인의 DISC 행동유형을 알아보기 위하여 "PPS(personal profile system)/개인 프로파일시스템"을 이용하였다. 이 도구는 개개인의 차이를 이해하고 각 개인의 독특한 행동유형을 평가하고 그에 대한 행동계획을 세우고 각기 다른 사고·감정·행동의식을 서로 이해하며 감정을 최대화할 수 있는 상호보완적 관계에 도움을 준다.

　이러한 PPS는 개인이 자기 자신의 행동을 묘사하는데 있어서 가장 잘 표현하는 것과 가장 잘 표현하지 않을 것이라고 생각하는 설명이 된 단어를 선택하여 D형: Dominance(주도형), I형: Influence(사교형), S형: Steadiness(안정형), C형: Conscientiousness(신중형)의 4가지 유형으로 구분하여 자신의 성향이나 행동유형을 스스로 평가한다.

　인간은 자신의 행동유형과 강점을 발견하여 유용하게 활용할 수 있으며, 행동유형에 따라 타인의 행동을 이해하고 다른 사람과 효과적으로 상호 작용할 수 있다. 이를 통하여 자신에게 맞는 갈등관리법, 효과적인 대인관계법, 효과적인 학습방법, 스트레스대처법 등을 발견할 수 있다. 각각의 행동유형별 특성 및 장·단점을 살펴보면 다음과 같다.

DISC(행동유형별) **특성**

유형	특성
D(주도형)	D형은 대체적으로 자기주장이 강하다. • 장점은 강력한 리더십을 발휘하고 적극적으로 행동한다. • 반면 이러한 적극적이고 공격적인 행동이 타인에게는 냉정하고 독불장군처럼 비추어질 수 있으며, 지나치게 완고하거나 조급한 행동으로 인해 실패하기도 한다.
I(사교형)	I형은 사물이나 세상을 보는 관점이 긍정적이고 낙관적이다. • 장점은 열정적이고 설득력이 있으며 변화나 사물에 대해 관심이 많다. • 반면 산만함, 비체계성, 비조직성 등의 단점이 있고, 반복적인 일에 쉽게 싫증을 느끼기 때문에 계속해서 자극이 필요하며, 이를 충족하지 못하면 새로운 것을 찾아 이리저리 떠돌아다닌다.

유형	특 성
S(안정형)	S형은 안정과 안전에 대한 기본적 욕구를 가지고 있으며, 언제나 조화롭고 균형감 있는 환경을 조성하려고 노력한다. • 장점은 꾸준함, 성실함, 인내심이 있어 타인과는 원만한 관계를 유지하며, 안정적인 자세로 순차적으로 업무를 추진한다. • 반면 단호한 사람들의 요구나 강압에 대해 쉽게 양보하고 희생하기 때문에 자기표현에 대해 소극적이고 때로는 우유부단 한 모습으로 비추어진다.
C(신중형)	C형은 치밀하고 논리적, 비판적이며, 무엇을 하든지 성실하게 자신의 능력을 다하여 최선을 다한다. • 항상 정확성을 추구하기 때문에 수시로 사안들을 검토하고 분석하며 과정과 절차에 있어서도 매우 계획적이고 치밀하며 꼼꼼한 모습을 보인다. • 반면 지나친 경우 완벽주의 태도나 결벽증을 보이기도 하며 지나치게 신중한 태도가 오히려 너무 오랜 시간을 소요하여 기회를 놓치는 경우가 있다.

내향성 / 외향성

내향적인 성향을 지닌 사람은 안정적인 환경에서 예측 가능한 일이나 반복적인 일을 좋아한다. 이들은 사무원, 회계전문가, 교사 등의 직업을 선호한다.

외향적인 성격을 지닌 사람은 내향적인 성하을 지닌 사람보다 사교적이며 자기주장이 강하고 활동적이다. 따라서 반복적인 직무는 쉽게 싫증을 느끼거나 부정적인 반응을 보이는 경향이 있는 반면 오히려 새로운 일이나 예측 불가능한 일을 좋아한다. 이들은 경영, 영업, 예술 등의 직업을 선호한다.

위와 같이 인간의 성향을 여러 가지 유형으로 나눠 살펴보았다. 그러나 인간은 특정한 성향만을 지니고 있다기보다는 복합적으로 내재되어 있다고 보는 것이 타당할 것이다. 다만 그 중에서 어느 유형이 높으냐 낮으냐를 살피면 되는 것이다. 따라서 여러 가지 방법으로 자신의 성향과 적성을 분석하여 진로를 선택할 때 고려해야 한다.

리더십과 인성

(전공: 학번: 성명:)

1. 자신의 좋은 성향 10가지를 찾고 그 이유를 설명하세요.

좋은 성향	이유

작성요령: 자신의 내면을 살피거나 주변사람(부모나 친구)에게 물어보는 것도 좋다.

09 (전공: 학번: 성명:)

2. 자신의 나쁜 습관 10가지를 찾고 실질적인 개선방법을 찾아보세요.

나쁜 습관	실질적인 개선방법

작성요령: 자신의 잘못된 습관을 살피거나 주변사람(부모나 친구)에게 물어보는 것도 좋다.

리더십과 인성

10

자기계발

1. 자기경영

1) 자기관리

자기경영과 가족경영 그리고 기업경영은 개별적인 것이 아니라 삼위일체이다. "지금 자율과 자발로 얼마나 나를 잘 경영하고 있는가?"라는 질문에 "그렇다."라고 대답하는 사람은 그리 많지 않을 것이다. 이유는 자명하다. 자기 자신을 체계적으로 관리하지 못하고 있기 때문이다. 대부분 값진 인생을 산 사람들을 보면 '수신제가치국평천하(修身齊家治國平天下)'[*41]

[*41] 몸과 마음을 닦아 수양하고 집단을 가지런하게 하며 나라를 다스리고 천하를 평정한다(닦을 수, 몸 신, 가지런할 제, 집 가, 다스릴 치, 나라 국, 평평할 평, 하늘 천, 아래 하.). 몸을 닦고 집을 안정시킨 후 나라를 다스리며 천하를 평정함. 유교에서 강조하는 올바른 선비의 길이다. 먼저 자기 몸을 바르게 가다듬은 후 가정을 돌보고, 그 후 나라를 다스리며, 그런 다음 천하를 경영해야 한다는 의미이다. 선비가 세상에서 해야 할 일의 순서를 알려주는 표현이라고 하겠다. 사서삼경 가운데 하나인 《대학》에 나오는 말이며, 본문은 다음과 같다.

사물의 본질을 꿰뚫은 후에 알게 된다. 알게 된 후에 뜻이 성실해진다. 성실해진 후에 마음이 바르게 된다. 마음이 바르게 된 후에 몸이 닦인다. 몸이 닦인 후에 집안이 바르게 된다. 집안이 바르게 된 후에 나라가 다스려진다. 나라가 다스려진 후에 천하가 태평해진다. 그러므로 천자로부터 일개 서민에 이르기까지 모두 몸을 닦는 것을 근본으로 삼는 것이다.

를 근간으로 산 사람이다. 우주의 섭리와 자연의 이치를 깨닫고 자연에 순응하면서 도덕과 윤리를 행(行)하며 산 사람이다.

자기경영의 핵심은 마인드컨트롤(mind control)과 자기계발이다. 즉, 자신의 마음을 다스릴 줄 알아야 한다. 자기경영을 위해 선행되어야 할 것은 목표를 설정하는 일이고, 그 다음에는 끊임없는 자기계발을 통해 최적의 효율을 올릴 수 있도록 노력해야 한다. 또한 하루하루의 일과를 반성(정리)하고 내일을 어떻게 맞이할 것인가를 생각해야 한다. 자기경영은 거창한 말로 들릴지는 모르지만 결코 그렇지 않다. 평소에 대수롭지 않게 생각했던 사소한 것 하나하나가 결합되어 큰 것을 이루는 것이다. 예를 들면, 밥먹고 공부하고 놀고 일하는 모든 일상생활들이 바로 자기경영인 것이다.

 영화 '역린(逆鱗)' 명대사

其次는 致曲이니 曲能有誠이니
誠則形하고 形則著하고
著則明하고 明則動하고 動則變하고
變則化니 唯天下至誠이야 爲能化니라

그 다음은 한쪽을 지극히 함이니, 한쪽을 지극히 하면 능히 성실할 수 있다. 성실하면 나타나고, 나타나면 더욱 드러나고, 더욱 드러나면 밝아지고, 밝아지면 감동시키고, 감동시키면 변(變)하고, 변(變)하면 화(化)할 수 있으니, 오직 천하(天下)에 지극히 성실한 분이어야 능히 화(化)할 수 있다.

"작은 일도 무시하지 않고 최선을 다해야 한다. 작은 일에도 최선을 다하면 정성스럽게 된다. 정성스럽게 되면 겉에 배어 나오고 겉에 배어 나오면 겉으로 드러나고 겉으로 드러나면 이내 밝아지고 밝아지면 남을 감동시키고 남을 감동시키면 이내 변하게 되고 변하면 생육된다. 그러니 오직 세상에서 지극히 정성을 다하는 사람만이 나와 세상을 변하게 할 수 있는 것이다."

출처 : 중용 23장(중국 고대 유교 경전인 예기 중에 한 편인 중용)

효과적인 자기경영을 위해서는

첫째, 자신이 이루고 싶은 꿈이나 인생의 목표가 있어야 한다. 칙센트미하이(csikszentmihalyi) 교수는 행복론에서 "인간은 통제와 몰입을 통해서 행복을 느낀다."고 주장했다. 통제란 자신의 삶의 목표를 스스로 정하고 이를 이루어나가는 과정이고, 몰입은 어떤 일에 집중할 때 즐거움과 만족을 느낀다는 것이다. 인간은 자신이 스스로 정한 목표(선택)에 더 잘 몰입할 수 있기 때문에 이때 행복을 느낀다는 것이다.

둘째, 자존감을 갖고 당당하게 살아가자. "나는 할 수 있다."는 자신의 능력에 대한 믿음과 자신을 사랑하는 마음을 갖자. 자신을 다른 사람과 비교하지 말고 내면의 에너지가 충만한 인간 그 자체로 만들어보자. 이를 높이기 위해서는 끊임없이 긍정적인 자기암시와 능력을 키워야 한다.

셋째, 전략적인 사고를 가져라. 큰 틀, 장기적 관점의 사고를 갖자는 뜻이다. 자신에게 주어진 자원은 한정적이다. 즉, 시간, 돈, 에너지 등 한정된 자원을 어디에 어떻게 효율적으로 배분할 것인가에 대한 계획을 수립하여 관리해야 한다. 따라서 장기목표, 단기목표, 지금 해야 할 일을 잘 살펴서 선택과 집중을 해야 한다.

아울러 "시테크"도 중요하다. 누구에게나 하루 24시간이 주어진다. 시간관리를 어떻게 하느냐에 따라 인생이 달라질 수 있다. 대부분 자기경영에 실패한 사람은 시간관리를 잘 못했기 때문이다. 하루에 대한 행동계획을 수립해서 관리해 나가는 것도 좋을 것이다.

 개구리 이야기

"서서히 데워지는 물속에서 뜨거운 줄도 모르고 죽어가는 개구리가 될 수밖에 없을 것이다."

이 이야기는 서서히 일어나는 중요한 변화에 반응하지 않고 무능하고 무관심한 사람들을 은유할 때 사용되는 말이다. 즉, 환경변화 시대흐름에 따라 끊임없이 자기계발을 해야 한다. 혁신은 자기 자신과의 싸움이다. 편리함보다는 불편함이다. 의지를 갖고 은근과 끈기로 극복해야한다. 그러지 않으면 포기하기 쉽다. 과거의 편안함으로 돌아가는 것이다.

넷째, 건강관리를 잘 해야 한다. 자기경영에 있어서 가장 중요부분일지 모른다. 목표를 거창하게 세웠다 하더라도 이를 수행하는 데 있어서 체력이 따라주지 않으면 이룰 수 없다. 아무리 돈이 많은 사람이라도 다른 사람이 건강관리를 대신해 줄 수는 없다. 오직 자기의 몸을 스스로 움직여야만 가능한 일이다. 평소 규칙적인 운동과 힐링(healing)을 통해 지속적으로 관리해야 한다.

고	긴급성	저
고	중요하고 긴박한 일 위기(사고, 매출급감) 긴급한 문제(클레임)	중요하나 긴급하지 않음 목표, 중·장기계획 해외연수
중요성		
저	긴급하나 중요하지 않음 친구 만나기 전화받기	긴급하지도 중요하지도 않음 컴퓨터게임 TV보기

다섯째, 자신의 분노를 조절할 줄 알아야 한다. 자신의 분노를 참지 못해 일어나는 사건·사고들이 갈수록 늘어나고 있고 날로 흉폭해지고 있다. 여러 가지 원인이 있겠지만 물질만능주의의 병폐가 아닌가 싶다. 이를 조절하거나 참지 못하면 하루 아침에 자신의 인생을 망친다. 가족들까지도… 자기에게 일어나는 감정을 그때 그때 살펴서 극단적인 행동이 일어나지 않도록 감정을 관리해야 한다.

그 이외에도 대부분 대성한 사람들은 열정과 끈기, 영혼까지도 불사른 미친 듯이 무엇인가를 좋아한 사람들이다. 피할 수 없으면 즐기라는 말이 있다. 모든 일에 열정을 갖고, 상생(相生)하고, 협력하고, 더불어 사는 삶, 반발짝씩 양보하는 삶을 살도록 노력하자.

결과적으로 성공적인 삶은 산 사람들은 자기 분야에서 최선의 노력을 경주하고 목표를 이루고 그리고 하늘의 뜻을 기다린 사람이다. 따라서 목표를 세우고 철저한 자기 혁신과 뼈를 깎는 고통을 이겨낸 자만이 성공·행복이라는 달콤한 열매를 맛볼 수 있다.

진인사대천명(盡人事待天命)

인간으로서 해야 할 일을 다하고 나서 하늘의 뜻을 기다린다는 한자성어이다. 이는 사람으로서 자신이 할 수 있는 어떤 일이든지 노력하여 최선을 다한 뒤에 하늘의 뜻을 겸허히 받아들여야 한다는 것이다. 자신의 일을 성실히 하지 않고 요행을 바라는 사람에게 최선을 다하라고 강조하는 말이다. 속담 "하늘은 스스로 돕는 자를 돕는다."와 비슷한 말이다.

성공한 사람들의 성공요인

성공한 사람들	성공요인
고 정주영 회장	목표, 담담한 마음[*42], 시련은 있어도 실패는 없다, 언제나 처음처럼, 도전정신, 뚝심, 강한 정신력, 무쇠 체력, 추진력, 직관이나 통찰력(insight), 발상의 전환(창의력)
반기문 유엔 사무총장	목표, 삶과 행복의 메시지, 설득, 인간관계, 끊임없는 자기계발, 리더십, 성공습관, 시테크
강수진 발레리나	목표, 끊임없는 노력과 성실성, 연습벌레, 신념, 열정, 한계극복, 도전, 모험, 성찰, 자신과의 싸움, 영혼까지 올인
히딩크(Guus Hiddink)	목표, 전문성, 상호 신뢰, 포용력, 책임감, 동기부여, 유머, 체계적(과학적) 훈련, 의사소통
워렌 버핏 (Warren Buffett)	방향, 기본과 원칙, 끊임없는 노력, 생활습관, 자기관리, 절약정신, 건전한 투자 자세
빌 게이츠(Bill Gates)	꿈(목표), 끼(재능), 꾀(전략, 로드맵), 끈(인맥 네트워크), 깡(실행력, 도전), 꼴(이미지), 꾼(프로근성)

*42 담담한 마음 : 인간의 마음을 굳세게 해주고 총명함을 유지시켜 준다. 어떤 상황이나 일에 부딪쳤을 때 담담한 마음으로 임하면 평정심을 잃지 않고 문제해결이나 위험을 극복할 수 있는 지혜를 얻을 수 있다.
담담한 마음은 무슨 일을 할 때 갈피를 잡을 수 없이 뒤섞여 어수선하지 않고 말이나 생각이 정직한 상태를 말한다(모든 것을 복잡하게 생각하면 인간의 의지는 약해진다). 맑은 마음을 가질 때 좋은 생각이 나오고 담담한 마음을 가질 때 태도도 당당하고 굳세고 의연해지는 것이다.

2) 개과천선(改過遷善[*43])

(1) 바람직한 삶의 자세

① 우주의 섭리, 자연의 이치를 따른다. 즉 순리대로 살자.

1장에서 다뤘던 바와 같이 물질만능주의에서 정신적 가치로의 전환이 시급하다. 즉 인본주의로의 회귀, 인간존중이다. 그리고 도덕과 윤리적인 삶을 살아야 한다.

② 자신의 마음을 다스리는 일(mind control)이다.

좋은 토양에서는 곡식이 잘 자라고 나쁜 토양에서는 잘 자라지 않듯이, 넓고 넓은 바다도 작은 샘물이 모여서 되듯이 작음의 이치를 깨닫고 마음만은 바다처럼 깊고 넓고 평온하게 만들어야 된다. 이것은 욕심을 버리고 수양(修養[*44])을 통해서만 가능하다. 그리고 늘 깨어 있어야 한다.

③ 건강관리를 잘하자.

한번 길들여진 나쁜 습관을 고치려면 생각처럼 쉽지 않다. 작심삼일[*45]이다. 자신이 원하는 목표를 이루고 건강한 삶, 행복한 삶을 살기 위해서는 몸과 마음을 늘 건강하게 유지해야 한다.

[*43] 개과천선 : 지나간 허물을 고치고 바른 길로 들어섬. 과거에 지은 악업(惡業)을 진심으로 참회(懺悔) 반성하고 다시는 악업을 짓지 아니하며 선업(善業)을 쌓아가는 것을 말한다. 改 고칠 개, 過 지날 과, 遷 재앙화, 遷 옮길 천, 善 착할 선

[*44] 수양 : 몸과 마음을 갈고 닦아 품성이나 지식, 도덕 따위를 높은 경지로 끌어올림.

[*45] 작심삼일 : 결심한 마음이 사흘을 가지 못하고 곧 느슨하게 풀어짐. 作 만들 작, 心 마음 심, 三 석 삼, 日 날 일. 결심이 굳지 못함을 이르는 말

(2) 개과천선법

① 나쁜 습관 고치기

인간은 어떤 행동을 반복적으로 하면 습관이 된다. 따라서 그런 습관을 고치려면 아주 오랜 시간이 걸린다. 나쁜 습관을 고치려면 자신의 잘못된 점을 스스로가 알아차리고(인정) 고치려고 노력(행동)하고 철저한 관리(반복)를 해야 한다. 처음부터 무리

한 욕심을 버리고 작은 습관부터 고쳐보는 지혜가 필요하다.

따라서 진정으로 자신의 삶을 바꾸고 싶다면 자신이 고쳐야 할 나쁜 습관들을 머리로만 이해하는 것이 아니라 마음으로 깨닫고 행(行)해야 한다. 수없이 반복적으로…

♞ 개과천선

진(晉)나라 혜제(惠帝) 때 양흠 지방에 주처(周處)라는 사람이 살았다. 아버지가 일찍 세상을 떠나 배울 기회를 잃은 그는 방탕한 생활을 하고 걸핏하면 남을 두들겨 패는 등 난폭하여 마을 사람들로부터 남산의 호랑이, 장교(長橋)의 교룡(蛟龍)과 더불어 "삼해(三害)"라는 평을 들었다.

주처는 철이 들면서 자신의 과오를 깨닫고 지난 허물을 고쳐서 새사람이 되겠다(痛改前非重新做人)는 결심을 하였다. 이에 동네 사람들은 "남산에 사는 사나운 호랑이와 장교 밑에 사는 교룡을 죽인다면 자네의 말을 믿겠네."라고 하였다. 마을 사람들은 주처가 죽기를 바라고 이런 제안을 한 것이다. 오랜 사투 끝에 그는 호랑이와 교룡을 죽이고 마을로 돌아왔으나 반갑게 맞아주는 사람은 아무도 없었다.

실망한 주처는 마을을 떠나 동오(東吳)에 가서 학자 육기(陸機)를 만나 사정을 이야기하자 육기는 "굳은 의지를 가지고 지난날의 과오를 고쳐 새 사람이 된다면[개과천선(改過遷善)] 자네의 앞길은 무한하네.라고 격려해 주었다. 이에 육기를 얻어 10년 동안 학문과 덕을 익혀 마침내 학자가 되었다. 공자는 "허물을 고치지 않는 것이 더 큰 허물이며, 허물을 알았으면 고치기를 꺼리지 말라."고 하였다.

출처 : 진서(晉書) 본전(本傳) 중 입지담(立志談).

② 마인드컨트롤(mind control) 능력 키우기

*45 바이오피드백 : 자기컨트롤법, 즉 생체의 신경·생리상태 등을 어떤 형태의 자극정보로 바꾸어서 그 생체에 전달. 고혈압·두통·부정맥·간질·천식·불안신경증·불면증 등의 치료법으로 연구되고 있음.

"내가 내 마음을 잘 다스린다."는 뜻이다. 이것이 되는 사람은 자신이 원하는 삶을 살 수 있지만 이러한 경지에 오르기란 쉬운 일이 아니다. 그러나 명상법(호흡관찰, 죽음명상), 바이오피드백(biofeed-back)*46 등의 수련방법을 통해 얼마든지 극복할 수 있다. 지속적, 반복적으로 수양해야 된다. "네 탓이요"가 아니라

"내 탓이요", 긍정적인 자기암시, 욕심을 버리는 마음가짐 등이 수양하는 데 큰 도움이 된다.

가장 바람직한 방법은 생활 속에서 명상을 하면 좋다. 즉, 일상생활을 하면서 끊임없이 일어나는 마음작용(불만, 갈등, 다툼)을 그때그때 살펴 정화하는 것이다. 간단한 방법으로는 분노가 치밀어 오를 때 하늘을 바라보며 깊은 심호흡을 3번 정도 하면 격한 마음이 진정되는 효과가 있다.

 명상방법

마음을 자연스럽게 안으로 몰입시켜 내면의 자아를 확립하거나 정신을 집중하는 것

명상은 스트레스 관리, 학습 향상, 건강 증진, 경기력 향상, 약물중독 치료, 심리 치료, 습관 교정, 종교적 영성 개발, 자기 수양과 같은 다양한 효과가 있다.

방법은 주로 가부좌를 틀고 앉아 자신의 호흡을 관찰하는 호흡명상법이 있다. 즉, 자신의 호흡을 관찰하면서 마음을 정화시키는 방법이다.

- 일단 허리를 바로 세우고 자세를 잡고 앉는다.
- 명상을 위해서는 잡생각을 멈춰야 한다.
- 눈을 지그시 감고 코로 숨을 자연스럽게 쉬면서 호흡이 들고 나는 것에 집중한다.
- 이때 잡념이 생기면 의식을 다시 호흡을 관찰하는 데 집중하면 된다.
- 일주일에 3~4번, 하루 30분 정도 반복하면 좋다.

③ **심신**(心身)**을 단련하자.**

"재물을 잃으면 일부를 잃는 것이요, 건강을 잃으면 전부를 잃는 것이다."라는 말이 있다. 억만금이 있더라도 건강하지 못하면 아무런 소용이 없다. 몸과 마음은 상호작용관계이다. 명상과 더불어 산책, 운동(2~3가지), 요가, 스트레칭 등을 통해 꾸준히 건강관리를 해야 한다. 즉, 심신(心身)을 단련해야 한다.

복근/마음근육 만들기

식스팩(복근)을 만들려면 헬스클럽에 가서 열심히 운동하고 식이요법을 하면 금방 좋아지는 것을 눈으로 확인할 수 있다. 그러나 마음은 생김새도 모르고 작용범위도 가늠하기 힘들기 때문에 수양을 한다 해도 보이지 않는다.

그러나 운동을 열심히 하면 식스팩이 생기듯이, 열심히 명상을 하면 비록 보이지는 않지만 건강한 마음의 근육이 생기는 것을 느낄 것이다. 즉, 마인드 컨트롤이 된다는 것이다.

④자연치유능력을 키우자.

인간은 어떤 질병에 대해 특별한 요법을 사용하지 않더라도 자연히 회복되는 기능이 있다. 즉, 인간이 살고 있는 땅, 공기, 물, 식물에는 자연 에너지가 있고, 이를 통해 인간과 만나 공명을 일으켜 치유된다. 즉, 생체가 지닌 방어기능을 활성화시켜 자연치유를 촉진시키는 것이다. 가벼운 산책과 등산을 하면 좋은 이유이다.

예를 들면, 실제로 포유동물의 경우 자신의 몸이 아프면 활동을 중단하고 가만히 움추리고 앉아서 스스로 체온을 높여 자연 치유력을 높이듯이, 인간도 기본적인 자연치유 상태를 유지한다면 웬만한 질병은 치유할 수 있다. 그러나 질병의 경우에는 의사의 진료를 받으면서 병행하는 것이 좋다.

 나쁜 습관 고치기(사례)

그는 나쁜 습관을 고치기 위해 심리상담을 받았다. 이제 그는 회의시간에 어떤 직원의 의견에 동의하지 않을 때 자신의 생각을 강요하는 식으로 반응하지 않는다.

그는 신경이 날카로워지는 순간이 오면 아내와의 관계에서 좋았던 기억을 떠올리려고 노력한다. 결혼생활이 행복하려면 부부가 서로 노력해야 하는데, 똑같은 원칙이 직장동료들과의 관계에도 적용된다는 사실을 그는 되새긴다.

이런 훈련은 효과적이었다. 생산성은 올라가고 팀 분위기도 좋아졌다. 그가 이끄는 팀은 신상품을 개발하는 등 좋은 성과를 냈다.

만성적으로 게으르거나 일을 체계적으로 하지 못하는 등 누구나 나쁜 업무 습관 하나쯤은 갖고 있다. 그런데 습관을 고치려면 신년 각오를 다지는 것 이상의 노력이 필요하다. 전문가들은 나쁜 습관은 특정한 맥락에서 반복적으로 강화되는 습관적 반응이라고 설명한다. 문제가 뭔지 파악하고, 원인을 규명하고, 나쁜 습관을 좋은 습관으로 대체할 필요가 있다.

시작이 반이다. 습관을 고친다는 것은 엄청나게 어려운 일처럼 느껴질 것이다. 타성에서 벗어나는 것은 엄청나게 어려운 일이다. 그래서 단계적으로 접근할 필요가 있다.

이룰 수 있는 작은 목표로 세분화하고, 작은 목표를 달성했을 때 스스로에게 보상을 주자. 이렇게 단계적으로 목표를 이뤄가야 최종 지점에 도달하기가 쉬워진다.

나쁜 습관을 좋은 습관으로 대체하라.

나쁜 습관을 유발하는 원인을 곰곰이 생각해볼 필요가 있다. 스트레스를 받으면 뭔가 먹는 습관이 있다는 사실을 알게 됐다면, 간식을 먹는 습관을 고치자고 결심하지 말고 어차피 먹을 거라면 건강한 간식을 먹어야겠다고 다짐하자. 스트레스를 받으면 사과를 먹어야겠다고 결심하면, 간식을 먹던 나쁜 습관이 사과를 먹는 좋은 습관으로 대체될 수 있다.

포기하지 말고 천천히 고쳐 나가자.

장기간 몸에 벤 나쁜 습관을 고치려면 시간이 필요하다. 전문가들은 자신의 행동을 기록으로 남겨서 일과와 습관을 되돌아보는 시간을 가지라고 조언한다.

또한 집이나 직장에서 바람직하지 않은 반응을 불러일으키는 요소는 제거하라. 회사에서 직원들을 위해 달콤한 간식을 쌓아둔 곳이 내가 앉은 책상과 가깝다면, 내 책상 서랍 안에 건강한 간식을 채워둘 것. 담배를 끊으려고 노력 중이라면 회사나 집 말고 다른 곳에서도 담배를 참을 수 있는지 시험해볼 것

출처 : 월스트리트저널, 2015.

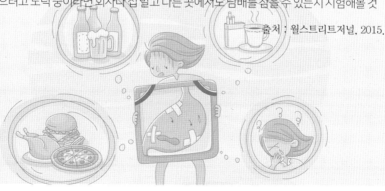

2. 자기계발

1) 자기계발과 자기개발의 정의

자기 계발(啓發)은 잠재되어 있는 자신의 슬기나 재능, 사상 따위를 일깨워주는 것으로써 자신의 적성이나 잠재능력을 찾아 활성화 시키는 외국어 능력 계발 등을 말한다. 사람들은 자신의 전공과 업무에 집중하다 보면 자신의 취미와 특기가 무엇인지도 모르고 살다가 나중에 자신의 적성에 맞는 일을 찾아 행복한 삶을 사는 사람들을 종종 볼 수 있다.

한편 자기 개발(開發)은 토지나 천연자원 따위를 유용하게 만드는 것으로써 신제품 개발과 같이 새로운 물건을 만들거나 핵무기 개발 또는 프로그램 개발 등을 말한다. 즉, 이미 자신의 능력이 무엇인지 알고 있는 상태이며, 그 능력을 훨씬 강하고 크게 만들어 가는 것을 개발이라 한다.

2) 자기계발의 필요성

대부분의 사람들은 현실에 안주하거나 보상을 받는 만큼만 행하려 한다. 아니면 남들이 자기계발을 한다고 하니까 나도 해야된다는 강박감 때문에 부화뇌동하는 경우도 많다. 그러나 그런 것들은 보상은 있을지 몰라도 동기는 없다. 이런 사람들은 어떤 것에 대한 창의력, 호기심 등의 행위에서 오는 순수한 즐거움을 생각하지 않는데, 그러면 자신의 능력은 점점 감소되고 내면에는 귀 기울이지 않게 된다. 즉, 자기 자신의 삶을 스스로 결정하는 주도하는 삶을 사는 것이 아니라 주로 타인에 의해 결정되는 삶을 살게 된다. 그런 사람들은 언제나 남의 발자국을 밟으며 수동적인 삶을 살기 때문에 자신의 발자국은 남기지 못한다. 다른 사람들이 행한 것을 따라하면 안전할지는 몰라도 그 속에는 고유한 내 것이 없는 것이다.

우리는 끊임없이 변화해야 한다. 그러나 대부분의 사람들은 작년이나 지금이나 변한 것이 거의 없다. 아마 내년에도 마찬가지일 것이다. 새로움에 대한 기대감이나 기쁨도 없는 그저 그런 삶을 사는 사람들은 안정한 삶을 살지는 모르지만 미래의 성공을 보장받을 수는 없다. 자신의 성공적인 삶을 위해서는 끊임없이 자기 자신에 대해 투자해야 한다.

한편 자기계발이라고 하면 부정적으로 인식하는 사람들이 있다. 이는 산업화과정을 거치면서 자기계발은 경쟁을 위한 도구나 수단이라는 편견 때문이다. 그러나 최근 사람들은 자기계발을 다른 사람과 비교해서 발전한 내가 아닌 과거보다 발전한 나라는 의미로 이해하기 시작했다.

따라서 자기계발에 대한 재인식과 더불어 자신의 목표를 달성하기 위해서 끊임없이 자기계발을 해야한다.

3) 자기계발 촉진방법

대학생들의 경우에는 대학졸업 후 취업이나 대학원 진학 또는 미래의 삶의 질을 향상시키기 위해 자기계발을 한다. 구인구직 포털 알바몬(2016)이 최근 대학생 918명을 대상으로 자기계발에 관한 설문조사를 실시한 결과, 대학생들이 자기계발비로 월평균 10만3000원을 지출하는 것으로 나타났다.

먼저 평소 자기계발을 하는 이들은 전체 응답자 중 74%를 차지했다. 성별로는 남학생이 77.3%로 여학생 71.6%보다 소폭 높았으며, 학년별로는 1학년이 55.2%로 가장 낮은 응답을 보였다. 반면 자기계발 중인 4학년은 76.6%로 1학년에 비해 20%포인트 이상 높았다.

자기계발을 하는 가장 중요한 이유는 '취업에서 보다 유리하기 위해' 40.3%였다. 이어 '보다 나은 사람이 되고 싶은 자기만족' 31.3%, '새로운 진로 개척을 위해' 14.4% 등의 답변이 뒤따랐다. 아울러 대학생들의 자기계발 항목(복수응답)은 과반수가 '영어, 외국어 등 어학 분야' 51.1%를 꼽았다. 계속해서 △전공 관련 자격증 취득 41.2% △전공 관련 지식습득 36.3% △비전공 관련 지식·자격증 29.8% △체력 및 건강관리 27.6% 등의 순이었다.

이를 위해 대학생들은 월평균 10만3317원을 자기계발비로 지출하고 있었으며, 주 평균

8.3시간을 할애한다고 응답했다. 자기계발비 지출은 4학년이 약 10만7000원으로 가장 많이 지출하고 있었으나 자기계발을 위해 쓰는 시간은 2학년이 15.1시간으로 가장 높았다.

한편, 자기계발을 하지 않고 있다고 밝힌 나머지 대학생들은 그 이유로 37%가 '취업준비, 학과 공부, 알바 등 시간적 여유가 없다'고 답변했다. 다음으로 △자기계발 할 만한 경제적 여력이 없다 (26.7%) △적당한 자기계발 분야를 못 찾았다 (12.3%) △끈기 부족 (10.7%) 등이 자기계발 장애 요소로 작용하고 있었다. 그럼에도 이들 중 78.2%는 여전히 '자기계발 의사'가 있다'고 답해 눈길을 끌었다.

반면, 평생교육 대표기업 휴넷(2016)이 직장인 445명을 대상으로 설문조사를 한 결과, 대한민국 직장인 중 91.2%는 새해 학습 계획이 있으며, 그 목적은 업무 역량 강화가 가장 큰 것으로 조사됐다. 이는 전년 대비 2.4%, 2014년 대비 5.1% 상승한 수치로 해마다 자기계발을 계획하는 직장인들이 늘고 있는 것을 나타낸 것이다. 휴넷은 2013년부터 새해 자기계발 계획에 대한 설문조사를 진행하고 있다. 학습 목적은 '업무역량 강화'가 69.7%로 1위를 차지했으며 '교양 및 힐링'은 43.4%로 2위에 올랐다.

2013년과 2014년에는 '교양 및 힐링'을 목적으로 자기계발을 하는 비중이 가장 높았으나 작년과 올해는 '업무역량 강화'가 1위를 차지해 불확실한 시대에 교양·힐링보다는 개인 역량 강화에 대한 관심이 커진 것으로 해석된다. 이어 '창업' 12.6% '이직' 9.9% '승진' 9.7% '고용불안 해소' 9.2% 등의 의견이 있었다. 자기계발을 위한 교육비 지출 계획은 51.9%가 '작년과 비슷한 수준으로 유지하겠다'고 답했으며, 41.6%는 '작년보다 지출을 늘리겠다'고 답했다.

한편, 온라인·모바일 교육에 대해 전체의 54.2%는 '지출 비용을 작년과 비슷한 수준으로 유지할 것'이라 답했으며, 38.2%는 '지출을 늘리겠다'고 답해 응답자의 92.4%가 작년에 이어 온라인 모바일 학습을 꾸준히 할 것으로 전망됐다.

직장인들이 자기계발을 하는 이유로는 더 나은 곳으로 이직하기 위함도 있고 또 승진을 위해서도 자기계발을 한다고 한다. 가장 많이 하는 자기계발은 외국어 공부로 나타나 글로벌 시대임을 반증하고 있다.

대학생들의 자기계발의 목적은 주로 취업준비와 보다 나은 사람이 되고 싶은 자기만족이 71.6%, 직장인들은 업무 역량 강화를 위해서 91.2%가 자기계발을 한다. 이는 자기계발을 통해 삶의 질을 높이거나 현실적인 필요에 의해서 자기계발을 하는 것으로 해석할 수 있다. 삶은 결국 자아실현을 이루는 과정이다. 이를 실현하기 위해서는 끊임없는 자기계발을 하여야 한다. 자기계발을 촉진하는 방법은 다음과 같다.

목표

Boy's be ambitious! (젊은이여 야망을 가져라!)는 1877년 미국 과학자이자 교육자인 윌리엄 클라크가 농학교 초대 교장을 마치면서 학생들에게 들려준 유명한 말이다. 첫째, 꿈을 키우고 좇아가라!. 남의 꿈이 아닌 자기 꿈을. 둘째, 호기심을 많이 가져라!. 이것이 자신을 움직이는 힘의 원동력이 될 것이다. 자기 스스로 목표를 찾고 도전하라. 모든 권한과 책임이 자신에게 있는 것이다.

모두가 불가능하다고 말했던 자신의 꿈에 끝없이 도전하고 결국에는 승리를 거둔 사람들이 자신의 목표를 실행하는 과정에서 반드시 만나게 되는 것이 장벽이다. 이때 이를 피해가는 사람과 극복하는 사람이 있다. 피할 수 없으면 즐기라는 말이 있다. 장벽을 극복하는 능력이야말로 목표를 달성하기 위해 필요한 지적능력보다 훨씬 더 중요하다. 쉽게 얻을 수 있는 것이라면 가치가 있겠는가?

나만의 길

나만의 길을 찾아서 한번 가보자. 자신이 좋아하는 일, 그래서 잘할 수 있는 일, 그래서 오래할 수 있는 일, 그래서 행복한 일을 찾자. 남들이 가는 획일적인 길이 아니라 나만의 가치있고 보람된 일을 찾아서 도전해보는 것도 좋을 것이다.

이상을 추구하기 위한 끊임없는 도전이야말로 나를 지치지 않게 만들며, 세상을 헤쳐나갈 수 있게 만드는 가장 큰 원동력이다. 남들의 평판보다는 자신만의 스타일을 찾는 것도 중요하다. 즉, 언제나 기준은 자기 자신이어야 하며, 자신의 생긴 모습 그대로 사는 것이다. 과거보다 나아질 미래를 꿈꾸면서 당신은 행복해질 수 있다.

동기

요즘 대학생들은 자기계발이 하나의 유행이 된지 오래다. 그러나 대부분의 학생들은 스펙을 쌓기 위해 또는 남들이 하니까 나도 경쟁에서 뒤지지 않기 위해 자기계발을 한다.

자기계발을 하는 동기는 각자가 추구하는 가치관에 따라 다를 것이다. 그러나 일반적으로 자기계발은 자신의 인생에 있어 최적의 균형점을 찾아가려는 동기에서 시작된다. 즉, 자신의 목표달성과 관련된 자기계발을 하면서 부족함을 채우고 자신이 원하는 분야에서 최고의 성취감을 느끼기 위해서 노력하는 것이다.

인간의 행동을 결정하는 요인은 내적동기와 외적동기이다. 이는 인간으로 하여금 어떤 행동을 하게 하는 원동력이다. 일반적으로 외적 동기는 내적 동기에 비해 강도가 약하므로 외적 동기보다 내적 동기를 유발하는 것이 효과적이다. 기업현장에서는 종업원들의 동기부여를 위해 내적동기와 외적동기를 혼용하여 사용한다.

일반적으로 가장 바람직한 동기부여는 자기 스스로 일으키는 내적동기이다. 이는 누구의 힘이나 보상이 아닌 자기 스스로 목표를 설정하고 실행방법을 찾아 목표를 달성하는 동기이다. 그리고 내적동기와 외적동기가 균형적으로 조화를 이루는 것이 바람직하다.

역량강화

변화하지 않으면 도퇴된다. 선천적으로 아무리 좋은 재주를 타고 났더라도 자신을 발전시키지 못하면 흐르는 시대의 변화에 밀려나게 마련이다. 변화의 본질을 이해하고 스스로 노력하고 변화해야 한다.

자기계발은 자신의 역량을 키우기 위해 필요한 계획이다. 일반적으로 직장인들은 기업조직에서 업무성과를 높이기위해서, 대학생들은 졸업 후 취업을 하기 위해서 역량강화는 필수적이다.

예를 들면, 회사의 영업계획서가 회사의 경제적인 발전을 위한 것이라면, 자기개발계획서는 자신의 인적 역량을 발전시키기 위해서 작성하는 것이다. 자기개발계획서 작성할 때에는 상·하반기 등 기간별로 나누어 계획을 세우고, 세부적으로는 분기별, 월별로 세부 목표를 세워 작성하는 것이 실현가능성을 높여준다.

잠재능력개발

모든 일에는 목적이 있듯이 자기계발에도 목적이 있다. 인간은 무한한 가능성을 가진 존재이다. 그러나 잠재되어 있는 자신의 슬기나 재능, 사상을 일깨우지 않으면 무용지물이다. 즉 잠재능력의 개발이다. 그러나 인간은 잠재능력의 10%도 사용하지 못하고 생을 마감한다고 한다. 자기계발을 통해 삶의 보람을 창조하는 것이며, 궁극적으로는 자아실현을 이루는 과정이다. 자아실현이란 자신의 능력, 가능성을 일 속에서 실현하는 것을 의미한다. 따라서 끊임없이 자기계발을 통해 잠재능력을 개발해야한다.

경력개발에도 신경을 써야한다. 에디슨(T.A. Edison)은 "영재란 99%가 땀이며, 나머지 1%가 영감이다"라고 하였다. 이는 인간은 끊임없는 실패와 이를 극복하는 과정이라고 할 수 있다. 자신을 과소평가하지 말고 잠재능력을 가지고 있다는 믿음을 갖고 그걸 끄집어내기만 하면 된다. 자신의 이력서에 1년에 1줄씩 경력이 추가될 수 있도록 노력하면 좋지 않을까?

평생학습

태어나서부터 생을 마칠 때까지 형식적·비형식적 교육의 체계적인 습득을 지속하고, 직업적 기술의 향상이나 개인적인 성장을 지속하는 과정을 말한다. 나아가 학교교육뿐만 아니라 가정교육·사회교육 등을 망라하여 연령에 한정을 두지 않고 전(全) 생애에 걸친 교육으로 확대해야 한다.

현재 학교 교육이나 기업 내 교육 이외에 일반인이 참여할 수 있는 평생 교육, 사이버 대학과 각종 자격증 취득, 언어 학습 등의 전문성 확보를 위한 과정과 정보 통신 및 비즈니스 자격 취득 그리고 다양한 기초 지식 획득을 위한 과정 등이 있다. 진정한 평생교육의 의미를 이해하고 적극적인 참여가 필요하다.

4) 자기계발 실패원인

많은 대학생들이 자신을 변화시키기 위해서 자기개발에 많은 시간을 할애하지만 실패하는 경우가 많다. 그 이유는 강박감에 사로잡혀 자기계발을 하거나 남들이 하니까 어쩔 수 없이 부화뇌동해서 하는 경우가 아닐까 싶다. 즉, 목표가 뚜렷하지 않거나 당장 직면한 취업준비 등으로 마음의 여유가 없기 때문일 것이다.

또한 최선보다는 안전을 선택하는 경우이다. 어쩌면 알면서도 자유 속의 책임이 두려워 일부러 선택을 안 하는지도 모른다. 그러면서 언제나 자신이 할 수 없는 이유와 핑계를 찾는 경우 자기계발에 실패할 수 있다.

성공적인 자기계발을 위해서는

모 대기업 직장인들을 대상으로 조사한 결과 자기계발에 충실하지 못한 원인으로 64%의 응답자들이 시간관리의 실패라고 대답했다. 그 만큼 소중한 자산인 시간을 제대로 관리하지 못하고 낭비하는 경우가 많은 것으로 보인다. 만일 누군가 당신의 은행 구좌에서 돈을 인출한다면 엄청나게 화가 날 것이다. 그러면서도 정작 자신의 인생에 침입해 시간을 도둑질해 가는 온갖 도둑들에게 무신경한 사람들이 적지 않다.

시간관리 전문가로 정평이 난 자이베르트는 시간을 잘 관리하기 위해 목표에 대한 중요성을 강조한다. 그에 따르면 시간관리는 '인생에서 일구고자 하는 목표는 무엇인가', '직업적으로 성공하고자 하는 목표는 무엇인가'라는 질문에서부터 시작된다고 한다. 목표설정이 완성되면 목표를 수립하기 위한 체계적인 계획을 세워 장기계획에서부터 일일계획에 이르기까지 꼼꼼하게 수립한다. 그런 다음 핵심적인 일에 집중하는 것이다. 핵심에 집중하기 위해서 버릴 것은 버리고 다른 사람에게 위임할 것은 위임하는 것이다. 다음단계로 자신이 계획한 대로 실천하고 이에 대한 결과물을 평가하며 피드백을 수행한다면 좀 더 수월하게 목표를 달성할 수 있다는 것이다.

비단 자이베르트 뿐 아니라 플랭클린 코비사의 하이럼 스미스 회장도 시간 도둑에 대한 위험을 경고하면서 삶의 가치를 확립할 것을 강조한 바 있다. 그는 시간 관리를 아무리 잘 한다고 해도 그 시간을 우리의 인생에서 가장 소중한 것을 위해 쓰지 않는다면 아무런 의미도 없다고 말한다. 이를 위해 그는 소중한 일부터 처리할 것을 강조하고 있다. 인생에서 우선순위를 찾는 방법은 아래와 같은 질문들을 던지는 것이다.

우선순위를 찾는 질문

• 인생에서 가장 우선순위가 높은 것들은 무엇인가?
• 그 가운데 가장 소중한 것은 무엇인가?

우리가 흔하게 시간에 대해 착각하는 것 중에 하나가 "언젠가는 시간적 여유가 생길 것이다. 그때 보자."라는 생각이다. 과연 그럴까? 시간이 지날수록 시간이 많이 나는가? 아마도 그렇지 않을 것이다. 주어진 똑같은 시간을 최대한 활용하기 위해서는 시간 도둑들이 우리의 시간을 훔쳐가지 못하도록 해야 한다.

하이럼 스미스는 타인이 우리의 시간을 방해하는 시간도둑들로 아래와 같은 항목들을 들고 있다. 다음과 같은 요소로 인해 자신의 시간을 남에게 빼앗기지 않도록 하자.

시간도둑들 - 외적인 요인

방해에 의한 중단, 불분명한 직무 정의, 불필요한 회의, 과도한 업무, 커뮤니케이션 부족, 우선순위의 변경과 충돌, 무계획적인 상사, 관료주의, 조직 내 사기 저하, 훈련되지 않은 직원, 동료/직원의 부탁, 권위 부족, 직장 내 유희 등이다.

시간도둑들 - 내적인 요인

위임실패, 무기력한 태도, 개인적 혼란, 건망증, 남의 말을 못 알아듣는 것, 우유부단함, 사교/접대, 피로, 실천력 부족, 완수하지 않은 일의 방치, 정리되지 않은 서류, 뒤로 미루기, 외부활동, 어지러운 작업 공간, 불분명한 목표, 엉성한 계획, 괜한 걱정, 과도한 의욕 등이다.

사람들이 자기계발에 실패하는 이유는 무엇일까? 결국 시간관리다. 나열된 항목 중에서 가장 고질적으로 문제가 되는 자신의 시간도둑들을 찾아서 제거해보자. 이를 통해 확보된 시간을 자신의 목표를 향해서 체계적으로 잘게 쪼개 실천해나가면 목표에 좀 더 쉽게 도달할 수 있다.

출처: https://careernote.co.kr/998 [정철상의 커리어노트]

리더십과 인성

(전공: 학번: 성명:)

〈자기계발계획서〉

목표	
상황진단	
자금계획	

계발계획	교육시기	추진내용	교육기관

》 자신의 역량을 키우기 위해 필요한 계획이며, 일반적으로 취업 등의 목표를 달성하기 위해 자기계발계획서를 작성.

리더십과 인성

리더십과 인성

11

인성함양

1. 인성의 개념

인성은 매우 포괄적이고 추상적인 개념을 함축하고 있어 한마디로 단정하기는 어렵지만 인간의 본성, 즉, 사람 됨됨이를 말한다. 인성은 선천적·후천적 요인에 따라 형성되어 개인의 도덕적 기준이 되고 외부의 사물이나 현상의 자극을 받아 일정한 경향의 반응을 보이는 개인이 갖추고 있는 고유한 성품이라고 할 수 있다. 인성이 좋다는 것은 결국 그 사람의 인품이 좋다는 말과 같다.

인성의 사전적 정의를 살펴보면, 사람의 성품, 즉 각 개인이 가지는 사고와 태도 및 행동 특성을 말한다. 유학에서는 인간이 타고난 본성, 즉 사람이 갖춰야 할 덕성을 의미하며, 서양심리학에서는 환경에 대해 개인이 나타내는 적응 방식이나 행동특성을 말한다.

인성계발의 목적은 자신이 고귀하고 무한한 잠재능력의 소유자라는 것을 발견하고 믿는 것이다. 내가 나를 믿는 다는 것, 가장 어려운 일이지만 가장 중요한 일이다. 내가 나를 믿어야 다른 사람 앞에서 당당 할 수 있다.

인성은 개인이 갖추고 있는 고유한 인식표와 같다. 우리는 완전하게 태어난 사랑스러운 존재이다. 그러나 현대인들은 자신 안의 무가치함에 갇혀 스스로를 비난하면서 고통스러운 인생을 살고 있다. 예를 들면, 하늘은 늘 존재하지만 구름이 끼었을 때 우리 눈에는 잘 보이지 않는 것과 같이 인간은 누구나 자신만의 고유한 인성을 갖고 있는데 환경이나 상황에 따라 달리 나타날 뿐이다.

한편 인성을 학문적인 측면에서 살펴보면, 교육학 분야에서는 인성, 정신분석학 분야에서는 인격, 심리학 분야에서는 성격으로 통용되고 있다. 인성에 관한 연구는 학문분야, 국가에 따라 다양하게 연구되고 있다. 세계적인 심리학자인 프로이드(S. Freud)는 개인이 본능적 욕구를 현실적, 도덕적 제약 속에서 합리적으로 충족시키려는 측면에서 인성을 파악하였고, 미국의 심리학자인 로저스(C. Rogers)는 자신이 겪는 독특한 주관적인 경험을 통해서 자아실현을 이루어 나가는 측면에서 인성을 이해하였다.

또한 미국의 행동주의 심리학자인 스키너(B.F. Skinner)는 개인이 어떤 독특한 변화과정을 통하여 학습한 일련의 행동과 형태적인 측면에서 인성을 연구하였다. 성격심리학자인 올포트(G.W. Allport)는 인성을 개인이 환경에 적응하는 데에는 자신만의 독특한 적응 방식이 있는데, 이 독특한 방식을 규정짓는 심리·생리적인 역동체제로 보았고, 성격심리학자인 캐텔(R.B. Gattell)은 인성을 유기체[*46]와 환경과의 모든 행동에 관계되는 것을 인성으로 보았고, 심리학자인 아이젠크(.H.J. Eysench)는 타인과는 구별되는 개체의 모든 인식적·감정적·의지적 및 신체적 특징의 통합적 체제로 보았다.

상기 학자들의 주장을 살펴보면, 인성이란 생활공간 내에서 개체가 존재하는 행동양식을 뜻하며, 타인과는 다른 특징적인 것이 있다고 정리할 수 있다. 최근에는 인성을 여러 특성이 서로 역동적 관계를 맺고 있는 구조로서 이것을 환경 속에서 이해하려고 하고 있다.

인성의 형성은 일반적인 측면에서는 개체의 기본적인 충동동인(drive), 욕구(need)의 충족 그리고 방해받았을 때의 반응 등에 의해서 결정된다고 보았다. 문화인류학적인 측면에서는 유아기의 수유, 이유, 배설 등의 훈련에 의해 영향을 받는다는 학자도 있다. 어쨌든 인성의 형성에는 유아기의 경험이 매우 중요하다고 볼 수 있다.

또한 인성은 의식의 바탕인 지·정·의를 조화롭게 발달시키는 마음과 올바른 자아실현을 위한 가치관 그리고 사회적인 도덕적 삶을 추구하기 위한 도덕의식 등 세 가지로 구성되어 있다고 보았다.

따라서 우리는 인간다운 삶, 그리고 더 나아가 아름답고 행복한 사회를 이루기 위해서는 올바른 인성에 눈을 떠야한다.

 로저스(Carl Rogers)의 건강한 인간상

- 고정된 상태가 아닌 진행되는 과정이다.
- 경험을 수용하고 융통성이 있다.
- 순간 순간 일어나는 일에 개방적이다 → 늘 깨어있다.
- 유기체적 감각을 신뢰한다 → 주석참조.
- 선택이나 행동이 자유롭다.
- 독창적으로 사고하고 창조적 삶을 산다.

 올포트(G.W. Allport)의 성숙한 인간상

- 자아감을 확장한다 → 자신이 누구인가에 대한 생각·인식·신념·느낌.
- 타인과 우호적인 관계를 맺는다.
- 정서적 안정감을 갖는다.
- 객관적인 지각을 한다.
- 일에 대한 능력과 책임을 갖는다.

- 자기자신을 안다.
- 일관성있는 생의 철학을 갖는다.

2. 인성의 중요성

1) 인성교육의 필요성

인성교육은 자신의 내면을 바르고 건전하게 가꾸고 타인·공동체·자연과 더불어 살아가는 데 필요한 인간다운 성품과 역량을 기르는 것을 목적으로 한다.

인성의 영역으로는 자아정체성, 도덕성, 공동체의식, 인간관계 등 다양한 내용이 있다. 인성이 잘 갖춰진 사람은 스스로 행복을 만들 줄 안다. 좋은 인성을 갖춘 사람은 자아존중감은 물론 자신을 통제하고 나아가 타인을 이해하고 포용하고 배풀줄 안다. 또한 성공한 사람들의 사례를 살펴보면 바른 인성을 갖추는 것이 진정한 성공의 길임을 알 수 있다.

최근 각종 언론보도에 따르면 자신의 감정과 분노를 조절하지 못하거나 반 사회적인격장애로 인해 묻지마식 범죄가 날로 증가되고 있다. 또한 학교와 가정에서도 폭력이 난무하고 학교는 입시위주의 교육으로 인한 사회적 폐해가 커지고 있는 현실에서 올바른 인성교육은 시대적인 요구이자 가장 근본적인 해결책이다.

따라서 그동안 경제발전에 따른 물질주의의 팽배로 인해 등한시되었던 인성에 대한 필요성이 더욱 절실하고 시급하다. 인성이 함양되었다는 것은 개인이 인격적으로 성숙되었다는 의미이며, 바람직한 인간상은 성숙한 인간, 건강한 인간, 생산적 인간, 자아실현적 인간, 충분히 기능하는 인간 등으로 정리할 수 있다.

2) 성숙한 인간

매슬로(A. Maslow)의 주장에 따르면 성숙한 인간은 자아실현을 성취한 사람으로서 건전한 성격을 가진 사람이라고 할 수 있다. 이는 효율적인 현실지각을 하고 자신이나 타인 그리고 인간본성에 대한 일반적인 수용을 할 수 있는 사람으로서 자발성, 솔직성, 자연성을 지녔다. 또한 신비체험 또는 절정체험을 경험하고 사회적 흥미, 대인관계, 창의성, 수단과 목표, 선과 악을 구별할 줄 안다. 따라서 매슬로(A. Maslow)는 자아의 본질이 실현되는 것 즉, 자아가 실현되는 사람이 성숙한 인간이라고 하였다.

3) 건강한 인간관계

인간은 사회적 동물이다. 태어나면서 죽을 때까지 끊임없이 타인과의 상호작용을 경험하게 된다. 인간은 타인과의 관계를 맺는데 건강하고 좋은 관계를 원하며, 인간관계를 통해서 성장하고 살아가는 활력을 얻는다. 그런데 때로는 성장에 도움이 되는 긍정적이고 건강한 관계를 경험하기도 하고, 때로는 성장에 장애가 되는 관계를 경험하기도 한다. 따라서 건강한 인간관계는 인간상호 간에 만남과 공유뿐 아니라 관계가 지속되는 동안 개인은 성장하는 동시에 공동의 목표를 성취하는 것이다.

예를 들면, 사람들은 인간관계를 할 때 어떤 사람에게는 인정받으려고 자존심을 내세우거나 자신을 포장해보지만 오히려 초라했던 경험이 있었을 것이다. 반면 다른 사람에게는 편하고 자연스럽게 행동해도 인정받기 때문에 더 잘 보이려고 할 필요가 없던 경험이 있었을 것이다. 이렇게 편안하고 자유로운 자신의 참모습을 보여줄 수 있는 참만남에서 오히려 좋은 관계로 발전할 수 있다.

이때 무엇보다 중요한 것은 내가 상대방에게 요구하는 것과 동등한 자유를 상대방에게 제공해야한다. 즉, 자신의 있는 그대로를 상대방에게 인정받으려면 나도 상대방을 있는 그대로의 모습을 인정해야한다.

따라서 건강한 인간관계는 서로가 참모습을 인정해주고 편안함과 자유로움을 느끼고 공유하며 나아가 두 사람만의 독특하고 고유한 관계를 함께 창조해나가는 일이다.

4) 생산적 인간

에릭 프롬(E. Fromm)의 생산적 인간이란 인간의 능력과 잠재력을 모두 발휘하는 것을 의미한다. 예를 들면, 복수는 집단이나 개인이 갖는 힘 또는 생산성과 반비례한다. 만약에 약자가 위해를 받아 자존심에 상처를 받았다면 자존심을 회복할 수 있는 방법은 단 하나밖에 없다. '눈에는 눈, 이에는 이'라는 동태복수법이다.

한편 생산적 인간은 상처를 입고 모욕을 받고 위해를 받았더라도 생산적으로 사는 과정에서 위해를 잊을 수 있다. 이는 생산하는 능력은 복수욕보다 더 강하다는 것을 의미한다.

따라서 건강한 인간관계, 생산적인 인간관계가 되려면 우선 자기 자신에 대하여 객관화할 수 있어야 하고, 타인을 있는 그대로의 시각으로 바라볼 수 있어야 한다. 즉, 자기긍정, 타인긍정의 태도이다. '나도 옳고 너도 옳다'의 입장을 갖고 인간관계를 하는 것이 바람직하다.

5) 자아실현적 인간

자아실현적 인간은 심리적으로 건강하고 성숙한 인간을 말한다. 건강하고 성숙한 인간은 현실에 대한 적절한 자각을 하며 자기 자신과 타인에 대해서 안락하고 만족스럽게 생각한다. 죄의식이나 불안 때문에 괴로워하지 않으며, 자발적이고 즉각적 만족을 지연시켜 더 큰 만족을 얻는 지연적인 것을 추구하여 자기중심적*47이기보다는 오히려 문제중심적*48인 특징을 지닌다.

*47 남의 일보다 자기의 일을 먼저 생각하고 더 중요하게 여기는. 또는 그런 것
*48 문제와 관련된 본질적인 원인을 밝혀내고 해결하려는 접근 방법

6) 충분히 기능하는 인간

만약 인간이 유기체의 가치화 과정을 완전히 체험할 수 있다면, 당연히 성장과 잠재력 실현을 향한 진전을 경험하게 될 것이다. 즉, 인간은 충분히 기능하는 사람(fully functioning person)이 되기 위해 움직일 것이다. 로저스 (C.R. Rogers)에 따르면 이러한 사람들은 다음과 같은 특성을 지니고 있다고 주장하였다.

- **경험에 개방적이다**: 충분히 기능하는 사람은 방어적이지 않고, 자신이 느끼는 두려움, 낙담, 용기, 경외감 같은 감정에 대해 열려 있다. 그들은 자신의 경험을 덮어 두기보다는 충분히 알아차리고 수용할 줄 안다.

- **실존적인 삶을 살아간다**: 충분히 기능하는 사람은 자신의 경험이 현재 일어나는 듯 살아가며, 그 경험에 대해 선입견을 갖지 않는다. 그들은 열려 있고 경험을 있는 그대로 받아들이며 자신을 위한 경험의 의미를 발견한다.

- **자신의 유기체를 신뢰한다**: 충분히 기능하는 사람은 자신이 느끼기에 합당한 일을 한다. 이것은 자신의 선택이 막무가내로 옳다는 의미보다는 자신의 선택권을 행사하거나 결과를 경험하고, 만약 만족하지 못하면 수정한다는 의미이다.

- **창의적이다**: 개인이 새로운 경험에 대해 열려 있고 자신의 판단을 믿으며, 새로운 모험에 대해 긍정적으로 위험을 각오한다면 창의적 산출물과 창의적인 삶이 실현될 것이다.

- **다른 사람들보다 더 풍부한 삶을 산다**: 이들은 좋은 삶을 산다. 충분히 기능하는 사람은 행복, 만족, 안전, 기쁨과 같은 감정을 적절한 때에 경험하며, 흥미진진하고 도전적이며 보람 있는 삶을 살아간다. 용기 없는 사람의 삶이 아닌 위험을 각오하고 종종 고통을 경험하며 도전을 용감히 맞닥뜨리는 삶을 살아간다(Rogers, 1961, pp.187–196).

3. 인성교육의 필요성

과거에는 가정 내 교육을 통해 기초 생활습관을 익히고 올바른 가치관을 정립하며, 공동체 구성원으로서 살아가는 방법을 배웠다. 그러나 본격적으로 경제개발이 시작된 60년대 이후 급속한 도시화, 산업화로 핵가족 구성이 보편화되면서 가정의 이러한 기능 중 많은 부분이 학교로 옮겨가고 있으며, 바람직한 인격체로의 성장을 위해 이제는 인성도 학교 교육의 영역이 되었다.

즉, 현대에는 '나'를 중심에 놓고 생각하는 경우가 많아 '우리'의 중요성과 가치를 잘 모른다. 공동체와 조화를 이루며 사는 법을 가르치는 인성교육이 우선되지 않으면 그 어떤 교육도 의미가 없다.

인성교육의 목표는 올바른 자아상의 정립, 사회 공동체 구성원으로서 바람직한 인격 형성에 있다. 인성의 핵심 요소로는 배려, 나눔, 협력, 타인존중, 갈등관리, 관계지향성, 규칙준수 등이다. 대학생들에게 인성교육이 강화된 교양교육을 통해 가정, 직장, 사회에서 건강하고 적응적인 예비 사회인으로 성장할 수 있도록 도와주는 인성함양교육은 이제는 선택이 아닌 필수이다.

또한 대학생들의 인성교육에 대한 필요성은 취업과 진로준비 그리고 직장생활 적용을 위해서도 필요하다. 기업의 인사담장자들은 신입사원을 채용할 때 인성 및 태도를 중시하는 경향이 두드러지게 나타난다. 성공적인 직장생활을 위해서는 자기이해, 타인과의 협력, 관계, 소통 등이 필수이기 때문이다.

1) 인성검사

다면적 인성검사(MMPI)는 개인의 성격, 정서, 적응 수준 등을 다차원적으로 평가하기 위해 개발된 자기보고형 성향검사이다.

　　과거에는 정신건강의학과에서 환자들의 정신 병리를 더 신뢰할 만하고 효율적으로 진단 평가할 목적으로 개발되었으나, 최근에는 진단평가 도구로서의 목적뿐만 아니라 정상인들의 성격 특성, 정서적 적응 수준, 검사에 임하는 태도 등 다양한 심리 내적 영역을 양적으로 측정할 목적으로 이루어진다.

　　검사방법은 타당도 척도, 임상 척도, 재구성 임상 척도, 성격병리 5요인 척도, 내용 척도, 보충 척도, 결정적 문항 등으로 측정된다. 임상척도에는 심기증(心氣症)·우울증·히스테리·정신병질·남여향성·편집증(偏執症)·정신쇠약증·조현증(정신분열증)·경조증·사회적 내향성이라는 열 개의 하위검사가 있고, 타당성척도에는 허구점수·신뢰점수·수검태도 점수를 측정할 수 있는 세 개의 하위검사가 있다.

　　또한 MMPI는 그것이 갖고 있는 566개의 문항을 이용하여 자아강도·의존성·지배성·공격성 등을 비롯한 300여 개의 성격특성과 태도를 측정할 수 있는 하위척도가 개발되어 있다. 나아가 정상인을 대상으로 한 심리 상담, 인사 선발, 법적 자문, 정신건강 관련 선별검사, 연구 등 여러 분야에서 광범위하게 활용되고 있다.

　　미국의 경우 MMPI는 전체 심리 검사 중 웩슬러형(Wechsler) 지능 검사 다음으로 가장 많이 사용되고 있으며, 일반 성향 검사 중 가장 광범위하게 사용된다고 알려져 있다.

4. 인성함양

　　지금까지의 학교교육은 인성교육을 소홀히 한 채 입시나 취업위주의 교육으로 학생들 간의 경쟁만 조장하였고, 이로 인해 이기주의적이고 편협한 사고의 소유자를 양산하는 등 많은 문제를 나았다. 또한 최근 학교폭력문제가 사회문제화 되는 등 심각해지면서 보다 근본적인 대책으로 인성교육의 필요성이 크게 대두되고 있다.

마음의 바탕을 교육한다는 것은 마음의 구성요소인 지·정·의를 교육하는 것이고, 사람 됨됨이를 교육한다는 것은 인간으로서 바람직하고 보편타당한 가치를 추구하며 그 가치를 완성할 수 있도록 교육하는 것이다. 따라서 인성은 지식이나 한시적인 행사로 길러지기 어렵다. 실천적인 인성활동으로 체험하고 습관화하는 것이 중요하다.

 맹자의 가르침

유교 철학의 정수『중용(中庸)』의 첫 구절은 "하늘이 인간에게 부여한 것이 곧 성(性)이요, 성에 따르는 것이 도(道)이며, 도를 수양하는 것이 교(教)"라는 뜻이다. 삶의 철리(哲理)가 '성(性)'에서 비롯된다는 얘기다.

인간의 본성은 '태어나면서부터 그렇게 되어진 것'이라고 규정하고 있다. 인간의 본성이 항상 선과 악이라는 윤리적인 범주와 관련되어 논의되었다. 중국 고대 철학에서 가장 활발했던 논쟁 가운데 하나이다. 그 대표적인 인물로는 맹자와 순자, 왕충 고자, 동중서 등의 주장이 있다.

인간의 본성은 선하다는 성선설을 주장한 맹자와 그 반대로 인간의 본성은 악하다는 성악설을 주장한 순자, 왕충(王充)은 선한 본성을 기르면 그 선함이 자라고, 반면 악한 본성을 기르면 악함이 자라난다고 주장했다.

맹자(孟子)는 동(同)시대 사상가인 고자(告子)와의 논쟁을 통해 인간 본성을 네 가지 근본(四端)으로 압축했으니, 『맹자』'공손축상(公孫丑上)'편은 이렇게 설명한다. "어려움에 빠진 사람을 측은해하는 마음(羞惡之心)으로 구해주는 게 곧 인(仁)이요, 자신의 불선(不善)을 부끄럽게 여기고 남의 불선을 미워할 줄 아는 마음(辭讓之心)이 의(義)이며, 남에게 양보할 줄 아는 마음이 예(禮)이고, 옳고 그름을 가리여는 마음(是非之心)이 지(智)이다." 그 본성을 살려 현실 생활에 발현되도록 노력해야 한다는 게 맹자의 가르침이다.

1) 인성함양 방법

인성함양은 인성을 함양시키기 위한 교육을 말하는 것으로서 마음의 바탕을 교육하고 사람 됨됨이를 교육하는 것이다. 인성함양을 통해 결국 나 자신과 다른 존재들 즉, 세상 만물을 보살피고 아끼는 마음을 갖는 것이다.

대학생들에게 가정, 직장, 사회에서 건강하고 적응적인 예비 사회인으로 성장할 수 있도록 인성교육을 강화하는 것이 시급한 당면 과제이다. 실제로 인성교육의 효과를 높이기 위해 이론교육도 중요하지만 학생들이 실제로 자신의 인성을 찾고 실천해나갈 수 있는 프로그램운영도 중요하다.

따라서 인성의 이론은 물론 자기이해, 자기정서탐색, 선택과 책임, 가치관명료화, 의사소통훈련 등의 내용을 통해 건강한 인성과 가치관을 지니고 자신의 행복한 삶과 성공적인 직장생활을 하도록 해야한다. 인성함양 방법은 다음과 같다.

자신이 원하는 삶

세상에서 가장 행복한 삶은 자신의 생긴 모습 그대로 사는 것이다. 즉, 자신이 좋아하는 일을 하면서 사는 것이다. 더욱 바람직한 것은 잘할 수 있는 일과 좋아하는 일이 같다면 좋을 것이다. 그러나 그렇지 못하다면 잘할 수 있는 일을 통해 수익을 창출하고 그 수익을 다른 사람들과 나누는 삶을 산다면 그것이 진정한 행복한 삶이 아닌가 싶다.

인간은 통제와 몰입을 통해서 행복을 느낀다. 통제란 자신의 삶의 목표를 스스로 정하고 이를 이루어 나가는 과정이고, 몰입은 어떤 일에 집중할 때 즐거움과 만족을 느낀다는 것이다.

대부분 값진 인생을 산 사람들은 수신제가치국평천하(修身齊家治國平天下)를 근간으로 산 사람이다. 우주의 섭리와 자연의 이치를 깨닫고 자연에 순응하면서 도덕과 윤리를 행(行)하며 산 사람이다. 자신의 특성을 이해하고 올바른 가치관을 확립하여 보람있고 인간다운 삶을 누릴 수 있도록 끊임없이 자신의 내면을 살피면서 살아가야 한다.

예를 들면, 미국의 농구황제 마이클 조던이 좋아하던 운동은 야구였다. 그러나 자신이 잘할 수 있는 농구를 선택하였고 'NBA 최고의 스타' 자리에 올랐다. 만약에 마이클 조던이 자신이 좋아했던 야구를 했더라면 결과는 어떻게 되었을까?

행복한 삶이란 오늘 살아 있음에 감사하고 내일이 존재한다고 믿고 나름대로 삶의 목표를 세우고 주도적으로 살아가는 삶일 것이다. 그것이 어렵다면 당장 내일 생(生)을 마감한다면 지금, 이 순간에 무엇을 할 것인가를 생각하면 의외로 쉽게 답을 찾을 수도 있다.

인간존중

행복한 삶, 성공적인 사회생활을 위해서는 물질적 가치에서 정신적 가치로의 패러다임 전환이 무엇보다 필요하다. 즉, 인간의 가치를 주된 관심사로 삼는 인본주의로의 회귀이다. 또한 인간의 끝없는 욕망을 조절하고 향락과 이기심을 절제하며, 다른 존재들과의 공존을 추구해야 한다.

자신을 스스로 존중하는 사람은 상대방도 쉽게 존중하게 된다. 왜냐하면 타인을 존중하지 않는 사람은 그 타인이 자신을 존중하지 않을 것을 알기 때문이다. 따라서 정의의 두 원칙은 인간의 상호 존중을 가져오게 된다. 많은 사람들은 다른 사람의 인생과 비교하면서 자신을 불행으로 계속 몰아간다. 그러나 행복한 삶을 위해서는 자신은 타인과 비교의 대상이 아닌 고귀한 존재이고 무한한 잠재능력을 갖고 있다는 것을 인식해야 한다.

그러기 위해서는 나는 누구인가?에 대한 질문에 스스로 답할 수 있어야 한다. 많은 사람들은 자신이 누구인지를 설명하지 못한다. 자아정체성, 자존감, 자기암시, 자아노출 등에 대한 내용은 제 2 장에서 상세히 다루었다.

자기 자신을 늘 성찰

좋은 토양에서는 곡식이 잘 자라고 나쁜 토양에서는 잘 자라지 않듯이, 넓고 넓은 바다도 작은 샘물이 모여서 되듯이 작음의 이치를 깨닫고 마음만은 바다처럼 깊고 넓고 평온하게 만들어야 된다. 이것은 욕심을 버리고 수양(修養)을 통해서만 가능하다.

결국 행복이라는 것은 외부적 조건인 경제적인 수준, 사회적 지위 등도 중요하지만 결국에는 자신의 내면세계를 밝히는 마음 안에 있다. 따라서 늘 자신의 마음을 수양하여 욕심을 버리고 다른 사람과 더불어 살아가려는 마음가짐이 필요하다. 명상법, 바이오피드백(biofeed-back) 등의 수련방법을 통해 얼마든지 찾을 수 있다.

또한 늘 깨어있어야 한다. 깨어있는 관계를 통해서 자신과의 화해가 가능하다. 사람과의 조화로운 관계는 깨달음으로 가는 핵심이다. 성찰(省察)이란 자신을 되돌아보고 반성하는 것이다. 단순히 자신에 대한 이해가 아니라 자신이 무엇을 잘못하고 있진 않은지, 반성할 것은 없는지 되돌아보는 것이다. 즉, 자아성찰이란 스스로 자기(自己)가 누구인지를 살피고 마음을 정화하는 과정이다.

무엇보다 가장 중요한 것은 생각으로만 머무는 것이 아니라 생각의 틀을 깨거나 또는 마음으로 깨닫고 행(行)으로 옮기는 것이다.

자존감

자신은 사랑받을 만한 가치가 있는 소중한 존재이고 어떤 성과를 이루어낼 만한 유능한 사람이라고 믿어라. 그리고 자존감을 갖고 당당하게 살아가자. '나는 할 수 있다'는 자신의 능력에 대한 믿음과 자신을 사랑하는 마음을 갖자. 자신을 다른 사람과 비교하지 말고 내면의 에너지가 충만한 인간 그 자체로 만들어보자. 이를 높이기 위해서는 끊임없이 긍정적인 자기암시와 능력을 키워야 한다. 자존감을 키우는 방법으로는 나를 용서하기, 나를 격려하기, 긍정적으로 생각하기 등이 있다.

선택과 책임

'실존주의*49의 제 1원칙은 주체성이고 따라서 인간은 스스로의 선택에 대한 책임을 가지며 곧 그 선택은 모든 인류에 대한 책임을 가진다. 올바른 선택을 하기 위해서는 합리적 사고와 객관적 지각을 하는 것이 중요하다. 합리적 사고는 타당성과 논리성을 바탕으로 하며, 세상을 주관적인 지각이 아닌 객관적인 지각을 할 수 있도록 타인과의 교류를 통해 지속적으로 내면화해야 한다.

*49 본질 탐구의 철학, 즉 합리주의 철학을 반대하고, 개개의 단독자인 현실적 인간 즉 현실의 자각적 존재로서 실존(existence, existenz)의 구조를 인식·해명하려고 하는 철학사상

중용(中庸)

중용은 대학(大學), 논어(論語), 맹자(孟子)와 함께 사서(四書)로 불리고 있으며, 송학(宋學)의 중요한 교재이다.

중용이란 지나치거나 모자라지 아니하고 한쪽으로 치우치지도 아니한, 떳떳하며 변함이 없는 상태

나 정도를 말한다. 여기서 '中'이란 어느 한쪽으로 치우치지 않는다는 것, '庸'이란 평상(平常)을 뜻한다. 인간의 본성은 천부적인 것이기 때문에 인간은 그 본성을 따르지 않으면 안 된다. 따라서 본성을 좇아 행동하는 것이 인간의 도(道)이며, 도를 닦기 위해서는 궁리(窮理)가 필요하다. 이 궁리를 교(教)라고 한다. 중용은 요컨대 이 궁리를 연구한 책이다. 즉 인간의 본성은 한마디로 말해서 성(誠)일진대, 사람은 어떻게 하여 이 성으로 돌아가는가를 규명한 책이라고도 할 수 있다. 역동성이 있어야 하고 당당해야 한다.

서양철학에서는 아리스토텔레스의 덕론(德論)의 중심 개념으로 이성으로 욕망을 통제하고, 지견(智見)에 의하여 과대와 과소가 아닌 올바른 중간을 정하는 것이다.

긍정적 사고

인간은 어떤 상황에 직면하거나 어려움에 부딪쳤을 때 그것을 긍정적으로 생각하느냐 또는 부정적으로 생각하느냐에 따라 인간의 감정과 행동이 전혀 다를 수 있다. 예를 들면, 반 정도의 물이 들어 있는 컵을 바라볼 때 부정적인 마인드를 가진 사람은 "물이 반 밖에 없네"라고 생각하고, 긍정적인 마인드를 가진 사람은 "아직 물이 반이나 남았네"라고 생각한다. 자기 자신을 긍정적으로 바라보면 긍정적 자아가 되고, 부정적으로 바라보면 부정적 자아가 되는 것이다. 이러한 긍정적 사고는 어떤 상황에서도 비관하지 않고 꿋꿋이 나아가거나, 실패를 경험해도 그 실패에 좌절하지 않고 극복하여 행복한 삶을 산다.

또한 자아암시는 나의 무의식에 자신이 원하는 바를 주입하는 것이다. 즉, 제 3자가 아닌 내가 나를 이끌어 가는 주체가 됨으로써 주도적으로 자신의 삶을 바꾸어가는 것이다.

더불어 함께 사는 삶

인간은 사회적 동물이므로 누구나 다른 사람과 어울려 살 수밖에 없다. 즉 인간이 개인으로서 존재하고 있어도 그 개인이 유일적(唯一的)으로 존재하고 있는 것이 아니라 끊임없이 타인과의 관계 속에서 존재하고 있다. 따라서 타인과 마음을 나누고 베푸는 삶의 가치를 알아야 한다. 남에게 베푸는 삶이 참 행복이다.

- 감사

어떤 대상이 나 타인과의 관계 속에서 늘 고마움을 느끼고 표현하는 것이다. 믿음·소망·사랑 중에서 사랑이 최고라고 한다. 그런데 그 세 가지보다 더 효과가 큰 것이 바로 감사라고 한다. 감사증진 방법은 안 좋았던 경험에서도 교훈을 찾는 연습과 하루 동안 일어났던 사건, 상황, 사람들로부터 느낀 감사함을 찾아서 감사일기를 써보는 것이다. 감사일기의 효과는 행복지수가 높아지고 심신의 건강과 인간관계에 도움이 된다.

- 칭찬

칭찬은 고래도 춤추게 한다. 칭찬은 상대방의 마음을 열게 할 뿐만 아니라 행동의 변화도 이끌어 낼 수 있다. 모두에게 긍정적인 효과를 미치는 원동력이 된다. 칭찬에 인색하지 말아야하고 칭찬을 하려면 진심을 담아 구체적으로 해야한다.

- 배려

조직에서 업무수행능력이 중요하긴 하지만 타인과 협력하고 배려하는 법을 배우는 것도 중요하다. 서로 경쟁하는 삶이 아니라 함께 배려하며 사는 삶이야말로 진정한 공존의 길이다. 배려는 거창한 것이 아니라 타인의 불편과 어려움을 조금이나마 생각해 보고 그 사람의 입장이 되어 그를 위해 내가 하는 행동들이 배려이다.

- 사랑

사랑은 관계의 본질이며 행복의 근원이라고 할 수 있다. 우리 자신을 이루고 있는 가장 깊은 부분이며, 우리 안에 살면서 우리를 이어주는 에너지이다. 사랑은 내가 상대방을 원하는 모습으로 바꾸는 게 아니라 그 사람의 진정한 모습을 찾아주고 서로가 성장하는 것이다.

- 봉사

  국가나 사회 또는 남을 위하여 자신을 돌보지 아니하고 몸을 움직여 행동하는 것이다. 대학생들이 방학을 이용하여 농촌에 들어가 일을 거들면서 노동의 의미와 농민의 실정을 체험하는 봉사 활동이 대표적이다.

  또한 직접 남을 위해 봉사하거나 그것을 보기만 해도 인체에 면역기능이 크게 향상되는 마더 테레사 효과(The Mother Teresa Effect)를 체험할 수 있으며, 남을 돕는 봉사를 하면 거의 모든 경우 심리적 포만감인 'high'상태가 며칠 또는 몇 주 동안 지속된다고 한다. 의학적으로도 혈압과 콜레스테롤 수치가 현저하게 낮아지고 엔도르핀이 정상치의 3배 이상 분비되어 몸과 마음에 활력이 넘친다고 한다.

  다양한 실습 현장을 통해 협동과 배려 같은 공동체의 가치를 배우는 것은 당연하다.

  결론적으로 인성교육은 사회적으로 도덕적인 삶, 즉 인간다운 삶을 살아갈 수 있도록 교육하는 것으로서 공동생활의 기본원칙과 원리를 교육시키고 도덕적인 행위를 실천할 수 있도록 하는 것이다. 그리고 도덕적인 문제가 발생했을 경우 인간의 평등사상에 입각하여 자기 자신만의 이익뿐만 아니라 다른 사람들 이익도 똑 같이 고려할 수 있는 공정한 정신을 심어줌으로써 더불어 조화롭게 살아가는 이해와 배려의 참된 길을 교육하는 것이다.

  이러한 인성함양을 통해서 자신에게 맞는 진로설계나 인생을 설계한다면 행복은 이미 내 마음속에 다가와 있지 않을까?

  기타 자세한 내용은 제1장 나의 삶, 제2장 자아이해, 제3장 개인차의 이해, 제4장 환경변화, 제5장 자기계발, 제7장 흥미 및 재능발견 등에서 상세히 다루었으므로 연계하여 학습하면 더욱 효과적이다.

2) 인성교육 실천 덕목

인성교육은 자신의 내면을 바르고 건전하게 가꾸고 타인·공동체·자연과 더불어 살아가는 데 필요한 인간다운 성품과 역량을 기르는 것을 목적으로 한다. 인성교육의 덕목은 인성교육의 목표가 되는 것으로 예(禮), 효(孝), 정직, 책임, 존중, 배려, 소통, 협동 등의 마음가짐이나 사람됨과 관련되는 핵심적인 가치 또는 덕목을 말한다.

존중

나는 고귀한 존재이며 어떤 일이든 해낼 수 있는 능력의 소유자임을 믿는 동시에 타인의 개성과 다양성을 인정하며 배려하는 마음을 갖는다.

예(禮)

나는 말투나 몸가짐에 있어서 선생님께는 공손한 태도를 지니며 친구들에게는 바른말을 사용하여 친절하게 대한다.

효(孝)

우리의 고유하면서도 자랑스러운 전통 중에 으뜸인 것이 효(孝) 문화이며 인륜의 가장 으뜸 되는 덕목이다. 나는 부모를 공경하고, 부모의 마음을 편안하게 해 드린다.

소통

인간은 사회적 동물이다. 나는 타인과의 소통을 위해 나의 마음과 생각을 전달하고 상대방의 마음을 사로잡을 수 있도록 진실한 태도로 이야기한다. 상대방은 메시지를 정확하게 이해하기 위해서는 경청이 중요하다.

공정

나는 합리적인 사고를 바탕으로 편견없이 상대방을 대하며, 양심에 한 점 부끄러움 없이 정직한 태도로 일을 추진한다.

도전

나는 현실은 힘들더라도, 미래에 대한 희망을 가지고 끊임없이 노력한다.

끈기

나는 목표를 세우고 그 목표를 수행하는 과정에서 어떠한 역경을 만나더라도 이를 극복하기 위해 최선을 다한다.

책임

나는 나의 행동에 대해 책임을 지며, 나와 타인과의 약속을 지키기 위해 노력한다.

협동

나는 친구들과 서로 도우며, 과업을 해결하는 태도를 지닌다. 서로 상생(win-win)할 수 있도록 선의의 경쟁을 한다.

자주

나는 내가 해야 할 일을 스스로 찾아서 목표를 세우고 이를 실천한다.

성실

나는 말과 행동에 일관성이 있으며, 성실하고 강한 책임감으로 타인에게 믿음을 주는 사람이 되려고 노력한다.

정직

나는 마음에 거짓이나 꾸밈이 없이 바르고 곧게 생활한다.

질서

나는 모든 일이 혼란 없이 순조롭게 이루어지도록 규칙과 질서를 잘 지키며, 바른생활 습관 정착을 위해 노력한다.

3) 실전응용

국민일보(2016)에 따르면 신발용 밑창, 합성 피혁용 폴리우레탄을 만들어온 동성화학은 5년 전부터 채용과정에서 필기시험을 아예 없앴다. 면접을 통해 지원자의 인성과 업무능력, 열정을 충분히 파악할 수 있다고 판단했기 때문이다. 동성화학 관계자는 11일 "요즘 중소기업의 채용 추세는 필기를 없애는 것"이라며 "필기시험을 치른다고 좋은 인재가 들어오는 것은 아니더라"고 전했다.

지난해 채용과정에서 필기시험을 치른 중소기업은 10곳 중 1곳도 채 안 됐다. 한국경영자총협회(경총)가 지난해 상반기 중소기업 284개를 대상으로 실시한 '신입사원 채용 실태 조사'에 따르면 필기전형을 실시하는 중소기업은 고작 8.2%였다. 2013년(9.5%)보다도 줄어든 수치다. 반면 지원자를 '면대면'으로 평가하는 면접을 선호하는 기업은 늘어났다. 조사대상 기업의 99.4%는 면접을 시행 중이라고 답했다. 실무면접과 임원면접 등 면접을 두 번에 걸쳐 시행하는 중소기업은 2년 사이 12.4% 증가해 53.8%였다. 채용과정에서 가장 중요한 전형으로 면접을 꼽은 기업도 59.4%에서 65.2%로 늘어났다.

매출액 200억원을 바라보고 있는 반도체 장비업체 비전세미콘 측은 "중소기업 지원자들의 능력은 비슷한 수준이기 때문에 필기시험이 무의미하다"며 "실무면접을 통해 먼저 업무능력을 판단하고 인성을 본다"고 전했다.

혈액순환 개선제 '타나민'으로 유명한 의약품 제조업체 유유제약도 5년 전부터 채용과정에서 필기시험을 없앴다. 대신 면접을 통해 단정한 용모, 고객과의 커뮤니케이션 능력을 갖춘 지원자를 뽑고 있다. 유유제약 관계자는 "학습된 것을 평가하는 필기시험 대신 (면접에서) 상황을 가정하고 어떻게 대처하는지를 보면서 업무능력을 평가한다"며 "75년 동안 40

기가 넘는 신입사원을 뽑아 보니 실무능력을 가늠할 수 있는 면접이 더 낫다는 내부 의견이 많아 필기전형을 없앴다"고 말했다.

중소기업에서는 서류전형의 '스펙'도 거의 중요하지 않다. 경총 조사에서 '스펙이 채용과 무관하다'는 기업이 26.6%, '스펙은 최소한의 지원적격 여부 판단'이라는 기업은 67.1%였다. 조사에 따르면 중소기업의 경우 평균 100명이 지원하면 80명이 서류전형에서 통과한다. 대기업이 서류전형에서 절반가량을 떨어뜨리는 것과 대조적이다.

지난해 하반기 75대 1의 입사 경쟁률을 기록한 보일러·냉난방기 제조·판매업체 경동나비엔은 서류전형에서 지원자의 학벌이나 학점보다 회사의 인재상에 부합한 역량과 경험을 갖췄는지만 살폈다. 경동나비엔은 필기시험은 치르지 않고 서류전형을 통과한 지원자 전원을 상대로 면접을 진행한 뒤 최종 합격자를 선발했다.

정대용 숭실대 벤처중소기업학과 교수는 "중소기업 인력의 이직률이 높아지면서 기업들이 굳이 시간과 돈을 들여가며 필기시험을 치르지 않는 추세"라며 "지원자의 능력이 비슷한 상황에서 면접을 통해 좀 더 오래 일할 사람을 가려 채용하고 싶은 것"이라고 설명했다.

한편 아시아뉴스통신(2016)에 따르면 취업 시즌을 앞두고 대학생의 인성을 위한 명상 프로그램이 주목받고 있다.

성실성, 책임감, 자기이해 등 '인성'은 기업체 인사 담당자들이 꼽는 취업의 최고의 스펙. 자신을 돌아보고 미래를 준비하는 명상 프로그램의 중요성이 크게 부각되고 있는 가운데, 인성교육 전문기관 전인교육센터가 마음수련동아리연합회와 함께 진행하는 대학생 새마음캠프가 2016년 상반기 일정을 공개해 관심을 끌고 있다.

2월 13일부터 매달 한 차례씩 진행되는 새마음캠프는 1박2일 동안 자기돌아보기 명상을 통해 삶을 되돌아보고 과학적인 마음빼기를 체험하는 명상 프로그램. 2월 13일~14일, 3월 26일~27일, 4월 30일~5월 1일, 5월 14일~15일, 6월 4일~5일로 상반기 일정이 이어진다.

새마음캠프는 국내에서는 처음 시도되는 대학생을 위한 주말 명상캠프로, 자기계발 등 각 분야 전문가들이 인생 선배로서 함께 하는 전문적인 멘토링시스템, 갤러리워크, 힐링

타임 등 알차게 구성돼 있다.

첫날은 자기돌아보기를 집중적으로 진행한다. 자신 있는 대학생활을 위한 멘탈강화법으로 마음 알기, 마음과 마음수련 원리와 작용, 마음을 버리는 이유와 마음수련 마음빼기 연습 외에, 자기돌아보기를 위한 특강 '나는 왜 이렇게 사는 거야(why)?' '마음이 바뀌어야 인생이 바뀐다'와 지치고 힘든 마음 버리기가 진행된다.

둘째 날은 마음빼기 중심으로 진행되며, 특강 '인생의 해답 찾기'와 잘 안 버려지는 마음 집중 버리기, 초청강연 '마음을 비우면 미래가 달라진다' 등이 이어진다.

참가 대학생들의 반응도 폭발적이다. 진로 고민 때문에 참가했던 정진수 군은 "1박2일이라는 짧은 시간 동안 마음이 이렇게 바뀔 줄은 몰랐다"고 놀라워했다. 참가자들은 특히 대학생활은 물론, 자아와 진로, 취업 등의 고민들에 대해 나아갈 방향을 정립할 수 있다는 것을 가장 큰 장점으로 꼽는다.

주말 캠프인 새마음캠프와 함께, 방학마다 열리는 국내 최대의 대학생 명상캠프인 마음수련 대학생캠프도 매 기수마다 그 열기가 뜨겁다.

지난 12월 26일부터 1월 2일까지 일주일간 열린 마음수련 대학생캠프에는 1백여 명의 대학생이 참가했다. '지난 나를 알고 더 크게 도약하자_명상, 나를 바꾸는 힘'을 주제로 7박8일간 진행된 캠프는 대학생활의 터닝포인트가 될 성찰과 명상에 집중되었다.

캠프 운영 담당자는 "참가 대학생들은 성격, 미래 진로, 자아성찰, 대인관계 등의 고민을 해결하고 싶어한다"며, 특히 "자신을 잘 모르고, 하고 싶은 것을 모르며, 어떻게 살아야 할지를 모르고 방황한다"고 밝힌다. 미래가 불안한 이유도 자아와 삶에 대한 정립이 돼 있지 않기 때문이라는 것. 결국은 나를 바꾸고 변화시키는 것이 가장 중요하다고 강조한다.

상기 기사들을 정리해보면, 최근 기업이 원하는 인재상은 직무적합도, 문제해결능력 그리고 인성을 갖춘자이며, 실질적인 인성 함양을 위한 프로그램 활동이 활발하게 이루어지는 것을 반증해주고 있다.

첫째, 해당직무를 가장 잘 수행할 수 있는 자격과 능력을 갖춘 사람, 즉 전문지식과 SPEC(직무에 필요한 자격) 그리고 해당분야에 다양한 경험이 있는 사람을 원한다.

둘째, 문제해결능력이 탁월한 사람, 즉 기업간 경쟁이 날이 갈수록 치열해 지고 있다. 그 과정에서 수많은 문제가 발생되는데 이를 창의적인 방법으로 해결할 능력을 갖춘 사람을 원한다.

셋째, 인성을 갖춘 사람, 즉 성품이 온화하고 반듯하여 타인을 잘 이해하고 협력하면서 조직에 잘 적응하는 사람을 원한다. 인성이 좋은 사람은 늘 열려있기 때문에 새로운 정보를 받아들이는 마음의 여유와 새로운 아이디어 창출도 가능하며 따뜻한 감성을 지녀 행복지수도 높다.

 기업에서 인성교육 해야

서울대 사회교육과 조영달 교수는 국회입법조사처(처장 임성호)가 25일 국회입법조사처 대회의실에서 '기업의 사회적 책임과 인성' 이라는 주제로 개최한 제7회 인성세미나에서 이같은 주장을 했다.

조 교수는 "한국 경제사회 공간의 기업 책임과 인성: '인격적 자본주의'의 제안"이라는 주제로 발제를 하며 시대와 장소에 따라 규정되어지는 기업공간에서 기업가(경영자)의 인격성을 중심으로 기업의 책임, 인성, 그리고 기업가 정신을 논의했다.

조 교수는 "기업공간의 인격성의 인식과 파악은 개별 기업가(경영자)가 행하는 경제 사회 내의 행동에 의해 드러나며, 인격성은 '나-타자'의 관계성 속에서 존재하게 된다고 볼 수 있다"며 "이러한 시각에서 사적 경제적 이익 추구를 넘어 타자 윤리적 관점을 포함하는 '이성적 이익' 추구, 자기성찰과 절제, 배려와 포용, 정의감과 용기, 거경궁리(居敬窮理)의 실천 등의 기업가의 윤리적 품성을 강조할 필요가 있다"고 지적했다.

그는 또 외부환경의 변화에 경제사회를 둘러싼 기업공간의 구성원들, 즉 타기업, 근로자, 소비자, 사회조직 등과 상호작용하여 패러다임을 공유하고 생산지식을 창출하고 불확실성을 축소하는 것을 기업가 정신이라 할 수 있으며 따라서 기업공간에서 올바른 행동윤리를 갖춘 인격적 자본주의를 제안하고 기업공간(경제공간)의 인격성 제고를 위한 '기업가 교육'이나 '기업 인성교육'이 필요하다고 주장했다.

토론자로 참가한 정태인 칼폴라니 사회경제연구소 소장은 "경제위기는 소득 양극화와 사회적 배제를 초래하고, 이는 종종 사회정치적 위기로 발전하게 되고, 또한 불평등의 심화와 함께 화석연료에 의존하는 체제는 인류 전체의 생존 자체를 위협하는 생태 위기를 초래한다"며 "이러한 이중의 위기를 맞아 타인을 고려한 선호와 불공정에 물리적 손해에도 불구하고 응징하는 상호성에 의해 경제의 협동을 창출하는 "다원적 경제"에 주목할 필요가 있다"고 말했다.

그는 또한 폴라니(Karl Polanyi)의 정신에 따라 비주류경제학을 종합한 조작 가능한 실천경제학에 입각하여 기업은 생태투자(재생가능 에너지, 스마트 그리드), 교육과 보건에 대한 투자, 일자리 나누기 등의 대응방안을 모색할 필요가 있는 시점이라고 강조했다.

윤석만 중앙일보 기자는 "기업이 사회적 역할을 다하기 위해선 기업 혼자만의 노력으론 힘들기 때문에 기업시민이 잘 자랄 수 있는 제도적 토양과 문화가 뒷받침돼야 한다"고 지적했다.

윤 기자는 "이를 위해서는 우선 기업이 공개하는 연차보고서에 사회공헌 내용이 담을 수 있도록 하며, 국부펀드는 사회적 책임을 다하고 윤리적 성과를 내는 기업들에 투자하는 것을 고려할 수 있다"고 설명했다. 윤 기자는 또 현행 공익재단의 기업 지분 소유를 5%로 제한하는 것을 완화하고 '사회적기업 육성법'에 따른 지원대상 기준을 기업규모에 적합한 수준으로 조정하며 사회공헌 현황이 기업 평가에 도움이 되도록 객관적 지표를 만드는 것이 바람직하다고 덧붙였다.

김봉주 국회입법조사처 산업자원팀 팀장은 "대기업은 성격상 소유의 대상이 아니라 국가와 유사한 하나의 공공적 사회 제도이며 그 활동에 영향을 받는 모든 사회의 구성원들의 이해에 종속되어야 하고 이를 위해 기업공간(경제공간)의 인격성 제고를 한 "기업가 교육"이나 "기업 인성교육"이 필요하다고 강조했다.

그는 이와 더불어 인성과 자격을 갖춘 신진 인력이 전문 경영인으로 진출할 수 있는 기회를 확대하고 전문 경영인들에게 실질적 권한을 주는 것도 필요하고, 기업이 사회적 책임을 다하며 기업가 정신을 발휘하도록 이사회가 경영진을 감독·통제하려면 전문성을 갖춘 이사회 임원을 임용해야 하며, 최고경영진과 함께 이사회 임원의 기업에 대한 경제, 사회적 책임을 강화하는 법·제도적 개선도 요구된다고 말했다.

이번 세미나는 기업의 사회적 책임 활동과 기업가 정신의 제고를 위한 인성의 역할에 대해 창의적이고 실질적인 의견을 나눠보고자 기획되었다.

출처: npns+koreanspirit@naver.com. 2015.

"인성검사 일관된 답변 어렵지?" 취준생 '불안' 파고든 최면교육

강남권 '최면교육센터' 컨설팅 직접 체험해 보니 "요즘 대기업 채용 과정에서 인성검사가 관건이다. 예상외로 인성검사에서 꽤 걸러낸다. 질문지가 많은데 같은 요지의 질문을 다르게 물었을 때 일관되게 답변을 못하면 진실성이 없다고 판정된다. 그래서 취업준비생 사이에서 인성검사 대비 최면교육이 인기다. 최면을 통해 일관성 있는 가상의 자아를 만들겠다는 것이다."

한 국내 대기업 채용 담당자의 말이다. 실제로 일부 취업준비생들 사이에서는 대기업 인성 검사에 대비한 최면교육이 유행이다.

최근 대기업은 채용 과정에서 학력·외국어 실력 등은 물론 자사에 적합한 인성을 요구하는 추세다. 시중엔 인성 검사에 대비하는 강좌와 교재들이 쏟아지고 있다. 그래서 '인성취업시대'라는 말까지 나왔다.

대기업 입사란 좁은 관문을 통과하려는 취업준비생들을 위한 '인성최면교육'은 어떤 것일까.

경향신문은 서울 시내 최면교육 센터들의 홈페이지·블로그 등을 살펴본 결과 대부분 인성 검사와 관련한 상담을 해주고 있었다. 지난 18일 취업준비생을 가장해 서울 강남권 최면교육센터 두 곳을 직접 찾았다.

"대기업 인·적성 시험지가 과학적으로 구성돼 있기 때문에 일관성은 중요한 요소가 됩니다. 답변이 일관되지 않으면 거짓된 정보를 적었다고 판단할 수밖에 없죠. 최면치료를 통해 본인의 가치관, 세계관 등 사고체계를 완전히 변화시켜 일관성을 부여할 수 있습니다." ㄱ센터 상담사는 최면을 통한 인성 개조를 역설했다.

이 센터들에선 소극적이거나 내성적인 성격, 미래에 대한 불안감을 취업에 대비해 개선해야 할 인성으로 꼽았다. 최면치료로써 이를 극복하고 자신감을 불어넣는 게 가능하다고 주장했다. ㄴ센터 상담사는 "무의식 속에 트라우마가 있기 때문에 이를 최면상태에서 찾아내 끊어낼 수 있다"고 말했다.

두 센터 모두 취업 상담을 많이 해봤다고 했다. ㄱ센터 상담사는 "취업준비생들이 정말 많이 찾아온다"며 "서울대생들과 고시준비생들도 많이 상담해봤다"고 말했다. ㄴ센터 상담사는 "보통 찾아오는 사람들을 보면 떨어질 수밖에 없겠다는 생각이 든다"며 "의기소침한 분위기가 느껴진다"고 전했다.

그들은 유능한 취업 컨설턴트처럼 행세했다. ㄱ센터 상담사는 "한국경제가 성숙기에 접어들면서 기업에서 과거와 다른 유형의 인재를 필요로 하는데 그중 하나가 바로 적극적인 사람"이라고 말했다.

그는 '자율신경', '부교감신경' 등 전문 의학용어를 언급하며 최면으로 적극적인 성격을 만드는 방법을 설명했다. 성공한 최고경영자(CEO)와 정치인에게는 공통적인 신경학적 특성이 있다고도 했다. 물론 과학상식엔 어긋나는 주장이다.

ㄴ센터 상담사는 표정과 헤어스타일 등 외모부터 자기소개서 작성법까지 세세하게 설명하면서 '가짜 이력서'를 쓰라고 부추겼다. 그는 "동아리 활동이나 배낭여행 경험이 없더라도 일단 꾸며서라도 쓰는 게 좋다"고 말했다. 그는 기자에게 적극적인 성격을 형성시켜주겠다며 최면을 시도했지만 걸리지 않았다. 인성취업시대, 인성자본시대가 낳은 씁쓸한 경험이었다.

출처: 경향신문, 2016.

결론적으로 인성 함양은 하루아침에 되는 것이 아니다. 끊임없이 자신의 내면을 살피고 하루의 일과를 반성하고 성찰하는 습관을 가져야 한다. 그래야만 자존감도 높아지고 어떤 역경이나 좌절에도 굴복하지 않고 당당한 삶을 살아갈 수 있다.

또한 학생들은 기업이 원하는 인재상의 의미를 정확하게 이해하여 이를 충족시키기 위한 필요조건을 파악한 후 철저히 실행해야 한다. 아무리 훌륭한 목표를 세웠다 하도라도 자신이 부단히 노력하지 않으면 이룰 수 있는 것은 별로 없다. 모든 취업준비와 역량은 자신이 수행할 직무와 인성함양에 초점을 맞춰 준비한다면 좀 더 많은 기회를 잡을 수 있을 것이다.

(전공: 학번: 성명:)

1. 자신의 인성에 대해 생각해 본다. 자신의 내면을 살펴 구체적으로 작성한다.

2. 인성교육 실천 덕목을 정리해보자.

리더십과 인성

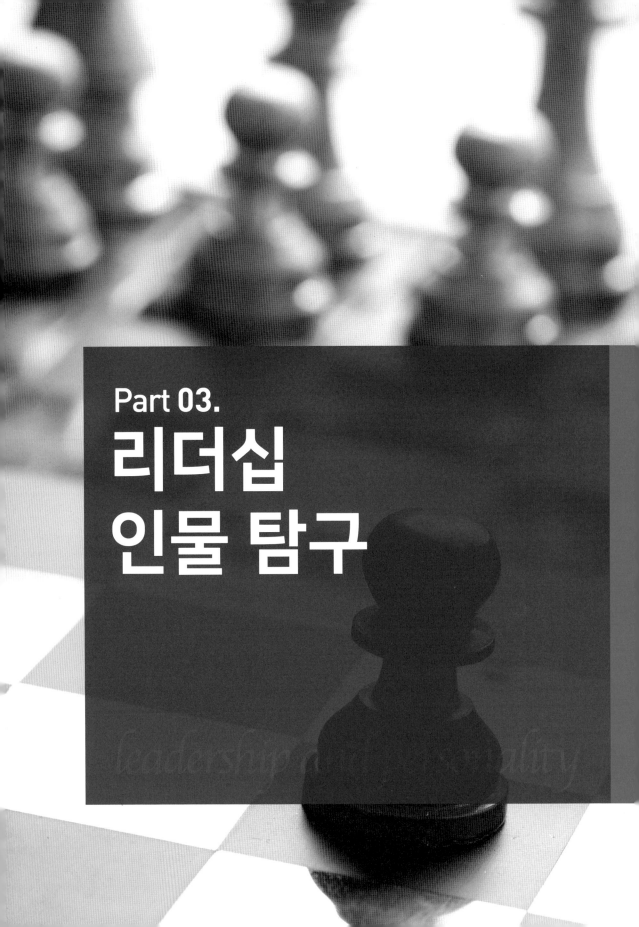

Part 03.
리더십
인물 탐구

1. 이순신 장군

　이순신(李舜臣, 1545~1598)은 조선 중기의 명장으로 한국사에서 가장 위대한 인물의 한 표상이다. 그런 추앙은 그를 수식하는 '성웅'이라는 칭호에 집약되어 있다. "성스럽다"는 표현은 그 자체로 범접할 수 없는 경지를 나타내지만, 천부적 재능과 순탄한 운명에 힘입어 그런 수준에 도달한 것이 아니라 수많은 역경과 난관을 치열한 고뇌와 노력으로 돌파했다는 의미를 담고 있다.

　인간의 행동 중에서 가장 거칠고 파괴적인 것은 폭력이다. 그리고 가장 거대한 형태의 폭력은 전쟁이다. 이순신은 그런 전쟁을 가장 앞장서 수행해야 하는 직무를 가진 무장이었다. 그러므로 그가 돌파해야 할 역경이 다른 분야의 사람들보다 훨씬 가혹했으리라는 예상은 자연스럽다. 실제로 그는 잔인하고 폭력적인 거대한 운명을 극복하고 위업을 성취한 인간의 어떤 본보기를 보여주었다고 평가할만하다.

　이순신의 리더십을 살펴보면, 통합적 리더십, 전인적 리더십, 문무를 겸비한 멀티플레이어 리더십, 열정과 혼의 리더십, 감성적 공감, 휴먼리더십, 지식과 정보에 기반 한 전략적 리더십, 기본과 원칙의 리더십, 긍정과 소통의 리더십을 포함하는 개념으로 볼 수 있다.

무리함을 무릅쓰고 충무공 이순신을 한마디로 정의하라면 "죽을 때까지 계속 연구하고 싶은 인물"이라고 말하고 싶다. 이순신이 나라를 구한 우리 민족의 영웅이라는 것을 모르는 사람은 없을 것이다. 또그가 애민·애국·정의로 무장한 훌륭한 리더라는 것도 모두가 아는 사실이다.

하지만 이순신 장군이 오늘날 기업인들이 본받아야 할 '역사상 최고의 경영인' 중 한 명이라는 것은 쉽게 지나치곤 한다. 이순신 장군이 이뤄낸 여러 가지 성취 중에서 '최고경영자(CEO) 이순신'의 모습이야말로 그의 역사적 면모를 제대로 이해하게 하는 새로운 시야를 열어준다.

이순신은 백의종군 후 조정의 아무런 지원 없이 칠천량 해전에서 무너져 내린 조선 수군을 일으켜 명량에서 대승을 이끌어 냈다. 불가능을 가능하게 만든 것은 무엇이었을까. 그가 효율적인 경영인으로서의 역량을 유감없이 발휘했기 때문이다. 오늘의 관점에서 해석하자면 이순신은 연구·개발(R&D)과 인재경영의 중요성을 간파한 경영인이다. 특히 R&D의 중요성을 인식하고 이를 전장에서 효과적으로 활용했다. 이순신의 R&D가 성공을 거둔 요인은 무엇일까?

첫째는 현장의 소리를 반영한 R&D였다는 점이다. 제조업에 몸담고 있는 필자는 그의 R&D 정신을 자주 돌아본다. 임직원이나 후배 기업인들에게도 R&D의 중요성을 수없이 강조하지만 특히 "현장의 필요에 귀 기울여야 한다"고 이야기한다. 이는 이순신 R&D 정신의 핵심 중 하나이기도 하다.

거북선의 승리는 곧 기술력의 승리

대표적인 결과물이 바로 거북선이다. 거북선은 전장에서 필요한 모든 것을 담는 데 성공했다. 이순신은 거북선의 설계도를 구상할 때 고려 말 왜구에게 당한 경험에서 단서를 얻었다. 왜구들은 우리 함선을 기어올라 공격해 고려 수군을 곤경에 빠뜨렸다.

이 문제를 해결하기 위해 이순신은 적병이 기어오를 수 없도록 판옥선에 가시못이 달린 철판 지붕을 얹어 거북선을 만들었다. 적군은 종전의 공격 방식으로는 거북선을 공격할 수 없었다. 그뿐만 아니라 덮개로 가려진 안을 볼 수 없어 거북선이 어떤 공격을 준비하고 있는지, 어떤 방향으로 가려고 하는지 짐작할 수 없었다. 현장의 필요를 적극 반영해 만든 거북선은 그야말로 천하무적이 됐다. 경험에서 배우지 않고 현장의 소리에 귀 기울이지 않았다면 거북선의 전무후무한 승리는 과연 가능했을까 싶다.

둘째, 타이밍과 순발력이다. 이순신의 거북선은 1592년 4월 12일, 즉 임진왜란 발발 하루 전 최종 건조됐다. 전쟁이 시작되기 하루 전 거북선 3척의 시험 운항을 모두 끝낸 것은 우연이 아니다. 임진왜란 발발 직전은 그야말로 온 나라가 어수선한 시기였다. 이순신은 그 시기에도 마음을 놓지 않고 미리 철저하게 R&D를 착착 진행했기 때문에 나라와 민족을 구할 수 있었다.

중소기업의 R&D는 특히 이순신의 '타이밍과 순발력'에 주목할 필요가 있다. 시장 상황을 반영해 순발력 있게 기술 개발에 나선 중소기업은 시장에서 성공하기가 훨씬 유리하기 때문이다. 대기업은 시장과 효과 등을 모두 완벽하게 분석한 뒤 제품을 내놓기 때문에 시간이 오래 걸리고 변동이 어렵지만 중소기업은 다르다. 우선 제품을 만들어 시장에 내놓고 소비자의 의견을 반영해 추가적인 개선을 비교적 쉽고 빠르게 해낼 수 있기 때문이다.

셋째는 융합에서 나오는 혁신이다. 이순신의 R&D는 지금까지 세상에 없었던 새로운 것을 창조하는 것이 아니었다. 거북선 개발 과정에서 기존 판옥선을 개조하는 방식을 사용했다. 기업의 R&D도 마찬가지다. 없던 것을 창조하는 게 아니라 기존의 것을 어떻게 개선하고 융합할 것인지, 현장의 소리를 귀담아 듣고 이를 어떻게 반영할 것인지를 푸는 것이 기업 R&D의 핵심이다.

우수한 기술력을 위해 집중하는 것은 두말할 나위 없이 중요하다. 거북선의 승리는 곧 기술력의 승리였다. 철저한 R&D를 통해 탄생한 우수한 기술은 연전연승에 기여했다. 마찬가지로 중소기업이 중견기업으로 또 중견기업이 대기업으로 성장해 가는 데 가장 중요한 것은 바로 기술, 즉 R&D다. 이것이 CEO 이순신으로부터 배우는 R&D 정신이다.

출처: 한경비즈니스 제 1211호(2019.02.11 ~ 2019.02.17)

2. 세종대왕

세종실록(23년 12월 17일)에 따르면 세종대왕은 "백성을 다스리는 사람은 마음을 다하지 아니할 수 없다"고 하였다. "성군" 또는 "대왕"이라는 호칭이 붙는 세종(世宗, 1397~1450)은 이순신과 더불어 우리 역사에서 가장 존경받는 인물이다. 인재를 고르게 등용하여 이상적 유교정치를 구현한 왕으로, 훈민정음을 창제하고 측우기 등의 과학기구를 제작하여 백성들의 생활에 실질적으로 도움이 되는 문화정책을 추진했다. 또한 조선 세종 시기는 정치적으로도 안정되어 정치·경제·사회·문화 등 전반적인 기틀을 잡은 시기였다. 세종은 외국문화를 참조하면서도 민족문화를 독자적으로 발전시키는데 진력하여, 민족 역사상 가장 찬란한 시대를 열었다. 특히 조선시대 왕 가운데 가장 뛰어난 능력을 가졌고 많은 업적을 남겼다는 평가를 받고 있다.

세종대왕의 리더십을 살펴보면, 섬김의 리더십, 창조적 리더십, 소통의 리더십, 덕치 리더십, 위임의 리더십, 법치 리더십, 민주적 리더십 등으로 설명할 수 있다.

세종대왕의 리더십

세종이 즉위한 것은 스물두 살 때였습니다. 당시 그의 사정은 좋지 않았다. 북쪽에서는 여진족이 노략질을 일삼고 남쪽에서는 왜구의 침략이 잦았다. 그리고 즉위 당시 상왕 태종이 권력을 쥐고 있었기 때문에 제대로 된 정치를 하는 것이 힘들었다. 하지만 세종대왕은 이런 상황에서 돌파구를 찾아낸다.

1. 듣고 또 듣는 협치

세종대왕은 항상 신하들과 대화하면서 문제를 해결했다. 즉위 당시 22살이었던 세종은 나이 많은 신하들의 적극적인 지지를 이끌어내는 것이 과제였다. 그는 "내가 인물을 잘 모르니 경들과 의논해서 벼슬을 내리려 한다"라는 말로 신하들의 마음을 움직였다. 때로는 의견을 경청하고, '끝장 토론'을 해가면서 소통하는 세종의 모습은 신하들에게 신뢰를 주었다.

또한 '윤대(輪對)'를 통해 낮은 직급의 신하들도 만나 이야기를 나누며 그들의 의견을 경청했다. 처음에는 세종의 의견에 반대하는 것을 어려워하던 신하들도 다른 사람의 말을 잘 듣고 수용해주는 그의 태도에 자신의 의견을 말할 수 있었다. 이는 국정 운영의 큰 힘이 되었다.

2. 단호한 외교

세종대왕은 여진족에 대해 교린정책을 실시했다. 교린정책은 회유책과 강경책을 병행한 정책이다. 세종은 회유책으로 여진족의 귀순을 장려하여 관직·토지 등을 주었고 조선인으로 동화시켰다. 그리고 국경무역과 조공무역을 허락했다. 하지만 여진족들이 국경을 빈번히 침범했다. 게다가 민가에 침입해 재산을 빼앗거나 불을 지르는 등 우리 백성을 괴롭히자 세종은 단호하게 토벌을 명했다. 압록강 지역에 최윤덕 장군을 파견하고, 두만강 유역에는 김종서 장군을 보내 여진의 무리를 몰아 냈다. 그리고 강경책으로 4군 6진을 설치하였다. 이로써 현재와 같은 국경선을 확보하고, 백성을 강력하게 지켰다.

3. 사람과 소통하는 여민(與民:백성과 더불어)정치

세종대왕 즉위 당시, 조선은 가뭄으로 인해 심각한 기근을 겪고 있었다. 세금 면제 등 갖은 노력을 해도 기근이 이어지자, 궁내에 초가집을 세웠다. 그리고 2년동안 그 곳에서 집무를 보고 잠자리에 들었다. 그 뒤로 세종대왕은 백성의 더 나은 삶을 위해 농사직설, 측우기와 해시계 개발, 역법서 간행 등 여러 실용적인 정책을 펼쳤다.

사람들에게 필요한 정책이 무엇인지 임금이 어떻게 알 수 있었을까요?

세종은 구언(求言)제도를 적극 활용했습니다. 그는 이를 통해 전국의 상소문을 확인하고 백성들의 목소리를 직접 들었습니다. 그리고 의견들 중에 수용 할만 한 것들을 국정 운영에 활용하였다.

4. 모든 일은 사람이 중심이 되어야 한다.

세종대왕은 민생을 최우선순위에 두었습니다. 백성들이 문자를 쉽게 익히도록 한글을 창제한 것이 대표적인 사례이다. 조선 최고의 성군으로 불리는 그는 백성과 더불어 다스려야 한다는 신념(여민: 與民)으로 국정을 수행했다.

세종대왕과 "사람이 먼저다."를 말하는 문재인 대통령은 닮은 점이 있습니다. 문재인 대통령이 세종을 닮은 리더십을 발휘해 국민에게 귀 기울이고 국민과 함께 문제를 풀어나간다면 복잡한 현 상황도 해결할 수 있을 거라 기대한다.

출처: 세종대왕 관련 시간여행 도서《세종대왕 이도》

3. 박항서 감독

박항서 감독의 리더십은 파파 리더십으로 이해할 수 있다. 박항서 감독은 아버지처럼 다정하게 선수들을 배려하고 챙기고 선수들은 감독을 "파파"라고 부르며 따르고 있다. 박항서 감독의 파파 리더십은 선수들뿐만 아니라 베트남 국민의 마음도 사로잡았다.

2002년 한일 월드컵 당시 한국 축구 국가대표 코치로 히딩크 감독과 호흡을 같이하면서 4강 신화라는 놀라는 성적을 거두는데 일조했다. 그 이후 박항서 감독은 아시안게임에서 우리나라 국가대표팀의 사령탑을 맡았으나, 성적 부진으로 유종의 미를 거두지 못하였다.

우여곡절 끝에 2017년 베트남 국가대표 감독을 맡은 박항서 감독은 U대회 국가대표팀을 준우승을 하는 등 파파 리더십으로 베트남에서 선풍적인 돌풍을 일으키고 있다. 지난 1월 아시아축구연맹(AFC) 23세 이하 챔피언십에서 베트남이 준우승한 직후 선수들이 침통해하였다. 박항서 감독은 선수들에게 "우리는 최선을 다했기 때문에 자부심을 가져도 된다. 절대 고개 숙이지 마라"고 하였다. 또한 실망한 선수들을 한 명 한 명 포옹하면서 "우리는 베트남 축구의 전설이다. 자부심을 가져도 된다. 다음 기회에 우승할 수 있다"고 다독였다.

이렇듯 박항서 감독은 결과보다는 과정을 중시한다. 비록 원하는 결과를 얻지 못했지만 과정에서는 이겼다고 생각했기 때문이다. 과정 중시형 리더는 상대와 비교하는 게 아니라 선수 자신의 실력이 과거보다 향상되었는지, 팀 플레이가 과거보다 향상됐는지에 초점을 맞춘다. 즉, 도전과 노력 정도를 성공과 실패의 기준으로 삼는다. 이 같은 박항서식 리더십이 선수들의 팔로우십(followership)*50을 낳았고, 이는 다시 베트남 팀 전력 향상의 원동력이 되었다고 볼 수 있다.

*50 리더십에 대응하는 개념으로서 리더십 발휘의 대상이 되는 추종자(follower)들이 공통적으로 지니고 있는 성향이나 행동양식 및 사고체계를 통칭한다. 자기리더십과 관련되는 것으로 리더와 추종자(follower)의 관계에서 전통적 견해인 추종자를 수동적으로 보는 견해를 지양하고 능동적인 추종자의 역할과 함께 리더와 추종자들 간의 효과적인 상호작용을 강조한다.

따라서 박항서 감독의 리더십은 파파 리더십, 소통의 리더십, 위임의 리더십, 과정 중시 리더십, 진정성 리더십 등으로 설명할 수 있으며, 중요한 key word는 도전정신, 자신감, 투지와 열정, 신뢰, 체력 등으로 설명할 수 있다.

박항서 감독의 리더십

2018년은 '지도자 박항서'의 인생 물줄기를 바꾼 해다. 지난해 10월 베트남 축구대표팀 감독으로 부임할 때만 해도 성공 스토리를 예감한 이는 드물었다. 축구계 관계자들도 '예순을 바라보는 노장의 마지막 도전'쯤으로 여겼다. 박 감독은 '동남아시아'라는 낯선 무대에 진출하며 초심으로 돌아가 모든 것을 던졌고, 큰 성공을 거뒀다. 지도자로서 승승장구하며 명예를 드높인 건 물론, 한국과 베트남의 정치 · 외교적 거리를 좁히는데 공헌했다는 찬사를 함께 받았다.

여론조사전문기관 리얼미터가 전국 성인 501명을 대상으로 진행해 지난 27일 발표한 '올해(2018) 최고의 인물' 여론조사(95% 신뢰수준, 표본오차 ±4.4%포인트)에서 박 감독은 16.7%의 지지를 받아 문재인 대통령(25.0%)에 이어 전체 2위에 올랐다. 케이팝 그룹 방탄소년단(9.9%), 이국종 아주대병원 교수(9.9%), 도널드 트럼프 미국 대통령(5.6%) 등 올 한해 뜨거운 주목을 받은 국내 · 외 인사를 두루 제쳤다.

박 감독은 성공의 비결로 '기본에 충실한 원칙주의'를 꼽았다. "많은 분들이 성공에 이르는 지름길과 비법, 특효약을 찾느라 적지 않은 시간과 노력을 들인다"고 언급한 그는 "베트남에서 내가 거둔 성과는 가장 평범하게, 기본부터 철저히 챙긴 결과물이었다"고 했다. 힘들어하는 한국의 청춘들에게 들려주고 싶은 이야기 또한 "성공으로 가는 로얄 로드(royal road)를 찾느라 귀한 시간을 허비말라"는 냉철한 충고였다.

성패를 결정할 중요한 변수로는 '효율성'을 꼽았다. 박 감독은 베트남 지휘봉을 잡은 이후 지난 2002년 한 · 일월드컵 당시 거스 히딩크(72 · 네덜란드) 전 축구대표팀 감독에게 배운 분업 시스템을 적극 활용했다. 코칭스태프 각자에게 대표팀 업무를 합리적으로 배분한 뒤 감독은 ^업무 진행 확인 ^적절한 통제 ^내부 갈등 관리 및 수습 등의 역할에 전념하는 방식으로 팀을 이끌었다.

박 감독은 "일사불란한 팀 분위기가 성공으로 이어질 것이라는 믿음 또한 잘못됐다"고 짚었다. "나와 이영진(55) 수석코치는 하루가 멀다하고 싸운다. 크게는 스즈키컵이나 아시안컵 같은 중요한 대회의 목표 설정에서부터 작게는 당장 내일 훈련 프로그램을 가지고도 자주 툭탁거린다"고 소개한 그는 "단결력이란 의사결정 과정에서 모두가 '예스(yes)'를 외치는 게 아니다. 각자 의견이 달라도 '팀을 위한 고민의 결과'로 서로 존중하고, 일단 결론이 정해지면 최선을 다해 따르는 것"이라 말했다.

이와 관련해 이영진 수석코치는 "코치가 늘 감독이 원하는 답을 들려줄 필요는 없다. 그래서도 안 된다"면서 "어차피 최종 결정은 감독의 몫이지만, 그 전에 코치들이 제시하는 다양한 목소리를 최대한 듣는 게 박항서 감독의 장점"이라고 말했다.

박 감독은 베트남에서 박 감독은 '국민 영웅'이다. 베트남 대표팀에 기업들의 격려금이 쇄도하고, 광고 촬영 제의가 줄을 잇는다. 가는 곳마다 '박항세오(박항서의 베트남식 발음)'를 외치는 사람들로 인산인해를 이룬다. 베트남 현지에 박항서 감독의 고향(경상남도 산청군 생초면)을 방문하는 여행 프로그램이 등장했을 정도다. 인터뷰를 진행하는 동안에도 마찬가지였다. 일반인 출입금지 구역인데도, 어떻게들 알았는지 사인과 사진 촬영을 원하는 현지 팬들이 끊임 없이 나타났다.

박 감독은 "인기는 바람과 같다. 갑자기 몰려왔다가 어느날 연기처럼 사라진다"면서 "나에 대한 뜨거운 관심 또한 지금 당장이라도 없던 일이 될 수 있다. 2002년에 같은 경험을 해본 터라 특별한 감흥이 없다"고 했다. 그럼에도 팬들과 적극적으로 소통하며 이른바 '박항서 신드롬'을 관리하는 이유는 베트남 축구 역사에 새로운 분기점을 만들어주고 싶어서다. "한국 축구가 2002년을 기점으로 모든 면에서 비약적인 발전을 이뤘듯, 베트남 축구가 2018년을 새로운 도약의 출발점으로 삼기를 원한다"는 게 박 감독의 설명이다.

'박항서가 다른 나라 또는 리그로 터전을 옮길 지 모른다'는 루머가 끊이지 않는 가운데, 당사자인 박 감독은 "나는 (베트남을) 떠나지 않는다"고 잘라 말했다. 이 또한 베트남 축구에 공헌할 부분이 아직 남았다는 확신 때문이다. 박 감독은 "나는 아무 데도 가지 않는다. 베트남축구협회와 계약 기간이 아직 1년 남았다. 계약은 약속이다. 나에게 기회를 준 베트남과의 신뢰를 저버릴 순 없다"면서 "나는 아직 배고프다. 베트남 축구 또한 더욱 성장할 수 있다"고 강조했다.

박항서 감독이 주는 감동은 특별한 능력과 카리스마로 만들어진 것이 아닌 인간 박항서의 축구에 대한 열정과 사랑 그리고 그것을 전달하는 그의 따뜻한 아버지 리더십 때문이다.

출처: 한국 중앙일보, 2018.12.30

4. 삼성 이병철 회장

경상남도 의령(宜寧) 출생으로 호는 호암(湖巖)이다. 중동중학을 졸업한 후 일본 와세다대학교 전문부 정경과에 입학하였다가 1934년 중퇴하였다. 1936년 마산에서 협동정미소를 세워 사업에 투신한 후, 1938년 3월 자본금 3만 원으로 삼성그룹의 모체인 삼성상회를 설립하였다.

1938년 대구에서 삼성상회를 설립하고 청과류와 어물 등을 중국으로 수출하였다. 1942년 조선양조를 인수하였고, 1948년 삼성물산공사를 창설하여 무역업을 시작하였다. 6.25전쟁 때 부산에서 삼성물산주식회사를 설립하였고, 1953년부터 상업자본에서 탈피하여 제조업에 투자함으로써 산업자본화를 꾀하였고, 같은 해 제일제당주식회사를 설립하였고, 1954년 제일모직주식회사를 설립하였다. 그 이후 삼성은 놀라운 발전을 거듭하여 최근 삼성의 매출액은 한국 GDP와 직접 비교하기는 어렵지만, 그럼에도 삼성의 매출액이 한국 GDP의 26.6%나 차지한다. 또한 브랜드 파이낸스는 매년 세계 글로벌 500대 기업의 브랜드가치를 평가하여 보고서를 발표하는데, 2018년 삼성이 4위에 올랐으며 삼성의 브랜드가치는 92,289백만달러(약 104조원)의 가치라고 평가했다.

이병철 회장은 인간을 존중하고 개인의 능력을 최대로 발휘할 수 있는 여건을 만들어 그로 하여금 개인과 사회의 원동력이 되게 하는 정신을 중시하였다. 이병철 회장의 리더십을 살펴보면 다음과 같다.

삼성 이병철 회장의 리더십	
• 사업보국주의	• 책임주의
• 인재제일주의	• 기술혁신주의
• 합리주의	• 무노조 산업평화주의
• 일등주의	

5. 현대 정주영 회장

한마디로 부하직원들에게 도전정신을 강조한 "해봤어"라는 말로 설명할 수 있다.

아호는 아산(峨山)이다. 1915년 강원도 통천군 송전리 아산마을에서 태어났다. 가난에서 벗어나려고 여러 차례 가출을 반복한 끝에 1937년 경일상회라는 미곡상을 시작했다.

1940년 "아도서비스"라는 자동차 수리공장을 인수하고, 그 뒤 1946년 4월 현대자동차공업사를 설립하였다. 1947년 현대토건사를 설립하면서 건설업을 시작하였고 1950년 현대토건사와 현대자동차공업사를 합병, 현대그룹의 모체가 된 현대건설주식회사를 설립하였다.

현대건설은 6·25전쟁 후 점차 늘어가는 건설수요를 감안하여 1964년 시멘트공장을 준공하였고, 1970년 현대시멘트주식회사로 독립하였다. 이후 해외건설시장 개척과 울산 조선소 건설, 서산 앞바다 간척사업 등을 성공적으로 추진하면서 대기업으로 성장하였다.

1987년 경영 일선에서 물러난 정주영 회장은 1992년 통일국민당을 창당하여 대표최고위원이 되었으며, 제14대 국회의원선거에서 전국구의원으로 당선되었다. 같은 해 제14대 대통령선거에 통일국민당 대통령 후보로 출마하였으나 고배를 마셨다. 1993년 초 통일국민당 대표최고위원직을 사임하고 1993년 현대그룹 명예회장이 되었다.

2001년 폐렴으로 인한 급성호흡부전증으로 사망했다. 정주영회장의 리더십을 살펴보면 다음과 같다.

현대 정주영 회장의 리더십

1. 강한신념

시련이 오히려 스스로를 강하게 한다는 신념을 갖게되었다. 그것은 긍정적이며 적극적인 사고방식으로 큰일을 일궈낸 사람이나 집단이 갖는 한결같은 자세이다.

2. 근검절약

근검하고 검소하며, 절약하며 신념을 다하여 부를 쌓았다.

3. 인간존중

인간존중과 사원들의 자아실현은 현대의 경영이념이다.

4. 신용제일주의

쓰러지더라도 신용을 지켜라, 현대를 창업하면서 가장 중요하게 생각한 것은 정직을 무기로 한 신용이다.

5. 고객최우선주의

고객최우선정신으로 고객만족을 극대화한다.

6. 창의와 기술개척

현대를 있게 한 경영사상은 바로 창의와 기술주의로서 항상 새로운 분야를 개척하는 정신이다.

7. 산업평화주의와 노사화합

산업평화를 위한 노사화합전신은 정주영회장의 경영이념이며 경영사상이다.

8. 도전과 개척정신

9. 사업보국주의

현대의 경영이념은 풍요로운 국가건설과 인류사회 발전에 공헌한다이다. 국가와 인류사회에 봉사하는 기업을 지향하는 사업보국주의에 기본을 두었다.

6. 대우 김우중 회장

김우중 회장은 1967년 불과 5백만원의 자본금으로 대우실업을 설립하였다. 이후 눈부신 성장과 사업다각화를 거듭해 1998년 말에는 총자산 규모 77조원, 총매출액 62조원의 거대그룹으로 성장했다. 당시 국내외에 거느린 계열사만도 290개사였고, 총자산 순위도 현대에 이어 국내 대기업 중에서 2위였다.

대우그룹의 급성장을 살펴보면, 창업자인 김우중 회장의 남다른 기업가적 안목과 의지가 있었다. 또한 정부의 산업정책을 잘 활용해서 정책 및 금융상 특혜를 받았기 때문에 가능했다.

대우그룹의 실패원인을 살펴보면, 다른 많은 한국재벌들이 그러했듯이 대우도 끊임없이 정부정책에 발맞추어 외세를 확정하였다. 그런데 사업확장을 위한 투자금을 외부 차입에 의존했다. 특히 사세 확장 과정에서 많은 부실기업을 인수하면서 정부의 특혜금융을 많이 받았다. 대우의 이 같은 성장방식은 급속한 외형 확장과 더불어 낮은 이익률과 높은 부채비율이라는 허약한 재무구조가 되는 원인이 되었다.

"세계는 넓고 할 일은 많다"에서 알 수 있듯이 수출드라이브 정책으로 많은 해외법인을 창설하고 해외에 공장도 건립하고 해서 대우는 그 당시 가장 많은 해외법인을 가진 기업이었다. 대우그룹 몰락의 원인에 대해서는 관점에 따라 여러 가지로 해석할 수 있겠지만, 간략히는 수익성 및 경쟁력 제고 등 내실 경영을 외면한 채 세계경영을 내세워 무리한 확장경영에만 몰두했기 때문이라고 설명할 수 있다.

더군다나 96년 당시 IMF 외환위기가 우리나라에 닥치게 되고 각 대기업들은 제살 깎아먹기식으로 계열사 M&A에 총력을 기울여 부채비율 삭감, 기업경쟁력 재고를 노렸다. 또한 IMF 외환위기 이후 기업환경과 재무구조가 악화되고 엄청난 자금난에 시달리면서도 근본적인 구조조정은 추진하지 않고 금융 차입을 통한 기업확장으로 위기를 탈출하려고 하였다. 하지만 기업구조가 튼실하지 못했던 대우는 공격적인 기업경영으로 그 난국을 타계하려고 했다. 특히 자금난에 시달리면서도 쌍용자동차를 인수했고, 대우전자와 삼성자동차를 맞교환형식으로 빅딜을 추진하다 실패로 끝나고 말았다.

다른 대기업들 또한 계열사들을 울며 겨자먹기식으로 외국, 또한 한국의 다른 기업에 팔며 자본금을 회수해서 주력사업에 투자한 결과 살아남았지만 대우는 그렇지 못했다. 그렇게 하여 99년 최종적으로 어음을 결제하지 못해 채권단이 부도 처리하고 그룹해체를 결정하게 되었다.

결론적으로 대우의 몰락은 시대의 변화를 이해하지 못하고 문제해결에 대한 지나친 자신감, 과욕, 잘못된 상황인식, 위험관리 능력 부족, 정경유착 등을 실패원인으로 볼 수 있다.

7. 역대 대통령들의 리더십 비교분석

역사적으로 많은 지도자들이 리더십을 어떻게 발휘하느냐에 따라 희망과 좌절의 경계선을 넘나들었다. 특히 한 나라의 운명을 짊어진 대통령의 리더십의 국민들에게 어떤 영향을 미치고 그것이 얼마나 중요한지 역대 대통령은 여실히 보여주었다.

아직까지 우리나라 대통령 가운데 "성공한 리더십"이라고 자신 있게 말할 수 있는 리더가 없다는 사실은 우리를 우울하게 만든다. 돌이켜 보면, 역대 대통령들의 퇴임 후 말로(末路)는 대부분 비참했다. 대통령의 리더십 덕목과 우리나라 역대 대통령들의 리더십을 비교분석한 결과를 살펴보면 다음과 같다.

대통령의 리더십 덕목

- 존경과 사랑
- 소통과 통합
- 인격과 사상
- 도덕성
- 시대정신 및 비전

- 추진력
- 위기대응 능력
- 인사 능력
- 국민·국회와 협력
- 공평가치

역대 대통령들의 리더십 비교분석

대통령이 알아야 할 '국정운영 10계명'…"뭔가?" '권력의 법칙을 명심하라'. '언론의 생리를 파악하라'. '대통령의 눈과 귀를 가리는 정보차단 현상을 막아라'. 현직 공무원이 작성한 '국정운영의 10계명'이다. 정부혁신지방분권위원회 최진 정책홍보실장은 최근 고려대 행정대학원 박사학위 논문으로 제출한 '대통령 리더십과 국정운영 스타일의 심리학적 상관관계'에서 초대 이승만 대통령부터 김대중 전 대통령까지 6명의 국정운영 스타일을 비교해 '10계명'을 제시했다.

최 실장이 분석한 역대 대통령의 국정운영 스타일에서 가장 중요한 잣대는 '성장과정'이다. 최 실장은 "유년기 기억들이 무의식 속에 축적되어 있다가 정치지도자가 된 뒤 다양한 형태로 표출되기 때문에 개인의 성장과정을 우선적으로 재조명했다"고 말했다.

이승만 전 대통령의 경우 유교적 분위기가 물씬 풍기는 집안에서 태어나 해외 독립운동에 앞장섰다. 그의 성격이 보수적이면서 외향적인 원인을 여기에서 찾았다. 최 실장은 이를 토대로, 이 전 대통령의 리더십은 인간 중심적이면서도 선동가형, 플러스형에 가깝다고 분석했다. 플러스형 리더십은 어디서나 나서기 좋아하는 대중적 포퓰리즘을 소유하고 있다는 게 특징이다. 이 전 대통령은 권력 기반을 경찰에 두었다고 설명했다.

박정희 전 대통령은 군부 독재형으로 묘사됐다. 박 전 대통령은 1917년 11월 4일 경북 선산군 구미면의 가난한 농가에서 7남매 중 막내로 태어났다. 우여곡절 끝에 사범학교를 졸업하고 군(軍)에 입대한 뒤, 일본군 장교로서 외길을 걸었다. 이러한 과정을 거치면서 서민적인 모습은 폐쇄적이면서 강한 내향형이 됐다는 것. 흔히 유신시대를 군부독재의 시대라고 하는 것처럼 권위적이고 강한 리더십을 가진 정치 지도자다. 권력기반은 중앙정보부에 두고 있다.

전두환 전 대통령은 1931년 경남 합천 출신으로 그의 부모는 일본군 순사에게도 전혀 주눅들지 않을 만큼 강단 있는 성격을 소유했다. 유년 시절부터 끈질긴 승부근성을 보여준 전 전 대통령은 야전군 생활을 하면서 공격형이 됐다. '불 같이 과격한' 성격을 가진 선동가형 리더십을 엿볼 수 있는 성장기다. 그는 권력기반을 보안사에 두고 비서실을 안정화시켰다고 평가했다. 당시 권력누수는 최소화될 수 있었지만, 장세동 전 경호실장과 같은 측근형 권력인사가 득세했다.

노태우 전 대통령은 장남으로 태어나 편모 슬하에 자랐다. 모범적인 학창시절을 보내면서 차분하고 어른스러운 면이 많았다고 한다. 정보 장교 출신으로 참모기질이 강했다. 주변 상황을 예의 주시하면서 돌다리도 열 번씩 두드린 뒤 건널 정도로 조심스러운 스타일로 분석됐다. 전형적인 행정가형으로 자연스럽게 청와대도 특보 중심으로 운영했고 권력기반은 민간기구인 국세청에 둔 점이 특징이다.

김영삼 전 대통령은 감각기능이 발달한 외향적 지도자로 분류됐다. 경남 거제에서 태어난 김 전 대통령은 자손이 귀한 부잣집 맏아들로 태어나 기대를 한 몸에 받고 자랐다. 전직 대통령과 달리, 그는 대중과의 접촉과 쇼맨십을 즐겼고 인간관계를 중시했다. 그러나 여론정치·선동정치가 반감을 불러와 임기 말 민심과 멀어졌다. 특히 둘째 아들 현철씨가 각종 사건에 연루돼 곤혹을 치렀다. 권력기반은 검찰에 두고 청와대를 비선화했다.

김대중 전 대통령은 출신지역부터 과거 지도자들과 달랐다. 호남출신으로 50여년의 정치역정을 거친 그는 국정운영에 큰 영향을 미쳤다. 학력·출생지·사상 콤플렉스에 시달려오면서도 이를 극복하기 위한 과정이 긍정적인 효과를 창출해낸 전형적인 지도자다. 내향적이면서 치밀한 성격은 그를 행정가형이자, 과업지향형 리더로 만들었다. 권력 기반은 시민단체에, 청와대는 행정관과 전문가들을 중심으로 정책화시켰다.

논문에 등장하는 역대 대통령의 리더십과 국정운영스타일은 이와 같이 일정한 파도현상을 보인다. 최 실장은 플러스형 다음에는 마이너스형이, 선동가형 뒤에는 행정가형 지도자가 나타나는 현상을 파도이론으로 설명했다. 그는 논문에서 이러한 대통령들의 성장과정과 성격을 심리학적으로 분석하고 대통령이 알아야 할 '국정운영의 10계명'을 제시했다.

- 권력의 법칙을 명심하라
- 권력 중심부의 결속을 최우선으로 하라

- 청와대의 경쟁력을 어느 분야보다 높여라

- 대통령 주변의 위험요인을 항상 경계하라

- 조정자역의 컨트롤 타워를 꼭 설정하라

- 참모의 직언을 흔쾌히 받아들여라

- 국정운영에서 목표보다 과정을 더 중시하라

- 대통령의 눈과 귀를 가리는 정보차단 현상을 막아라

- 건전한 비선을 적절히 활용하라

- 언론의 생리를 파악하라 등을 제시했다.

특히, 개혁과 정부 정책이 성공하려면 언론의 도움이 필수라며 언론의 비판적 속성을 이해하고 적절한 긴장관계를 유지할 필요가 있다고 강조했다. 최 실장은 "최근 대다수 언론이 정부 비판에 열을 올리다보니, 면역이 생기는 것 같다"면서 "비판과 칭찬을 균형 있게 만들어 가야지만 서로에게 도움이 된다"고 말했다.

최 실장은 나아가 청와대가 지켜야 할 덕목으로 ▲핵심요직 인사 철저 ▲막연한 낙관주의 경계 ▲과잉 파격인사 자제 등 10가지를 제시했다. 그는 "정치지도자가 있는 곳에는 권력의 법칙이 작동한다. 대통령은 현실을 인정하고 옛 정에 얽매이지 않는 결단력이 필요하다"고 강조했다. 한편, 논문 중 '대통령 리더십의 파도이론'에 따르면 노무현 대통령은 플러스형 리더십에 해당하며, 외향적이면서 승부사적 기질을 보인다.

출처: 정부혁신위 최진 실장이 쓴 역대 대통령 리더십 비교분석

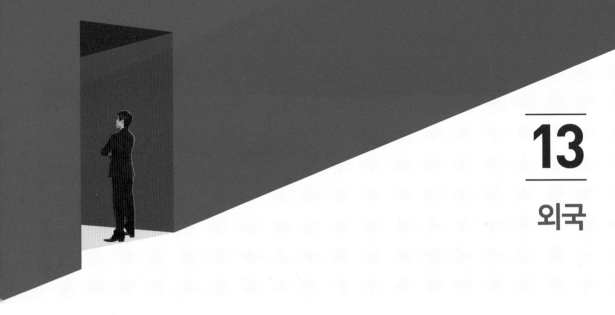

1. 나폴레옹 황제

프랑스의 군인·제1통령·황제이다. "내 사전에 불가능이란 없다", 나폴레옹은 이 말로 잘 설명된다.

그는 프랑스령의 외딴 섬 코르시카 출신으로 가난과 설움 속에서 군사학교를 졸업하고 뛰어난 능력으로 프랑스 구국의 영웅이 되었다. 프랑스혁명의 사회적 격동기 후 제1제정을 건설했다.

제1통령으로 국정을 정비하고 법전을 편찬하는 등 개혁정치를 실시했으며, 유럽의 여러 나라를 교육, 종교, 문화, 법률 등 오늘날 프랑스의 초석을 남긴 인물이다. 지난 세기 프랑스 위인열전에서 항상 1등의 자리를 고수한 위대한 인물이다. 30대 초반에 프랑스 황제로 등극해 유럽의 절반을 제패하고, 침략하며 세력을 팽창했다. 수십여 차례 전투를 승리로 이끌고 전유럽을 통치했을 뿐만 아니라 당시 모든 병사와 정복지의 주민들에게까지도 존경과 사랑을 한 몸에 받았다.

그러나 러시아원정 실패로 엘바섬에, 워털루 전투*(Battle of Waterloo)패배로 세인트 헬레나섬에 유배되어 그곳에서 생을 마감한다.

　세계 역사상 가장 강력한 리더의 상징인 나폴레옹 리더십을 살펴보면, 카리스마 리더십, 변혁적 리더십, 위임의 리더십, 민주적 리더십 등으로 설명할 수 있다.

*50 워털루 전투(Battle of Waterloo; 프랑스어: Bataille de Waterloo)는 1815년 6월 18일, 벨기에 남동부 워털루에서 나폴레옹이 이끄는 프랑스군과 웰링턴, 블뤼허가 이끄는 영국, 네덜란드 및 프로이센 등이 포함된 연합군이 싸워 연합군이 프랑스군을 격파한 전투를 말한다. 이 전투는 나폴레옹 최후의 전투이며 여기서 패배한 나폴레옹은 2번째 황제의 자리에서 물러나 세인트헬레나로 유배되어 그곳에서 생을 마감한다.

 나폴레옹의 리더십

　나폴레옹 리더십은 세계 역사상 가장 강력한 리더십의 상징이며 영구불변의 교훈을 남겼다. 현재의 모든 리더에게 리더십에 대한 한편의 바이블과도 같다. 유명한 컨설턴트인 제리 마나스(Jerry Manas)는 나폴레옹의 리더십을 6가지로 요약하였다.

1. 예측할 수 있는 모든 것에 대비하라

　나폴레옹의 리더십은 전쟁에 나가기 전에 일어날 수 있는 모든 상황과 위험을 예측하여 치밀한 계획을 수립해야 한다.

2. 목표, 메시지, 프로세스는 단순화할수록 강력하다

　한치의 군더더기도 없는 목표·메시지·프로세스는 적극적으로 추진할 수 있는 원동력이며 목표달성 가능성을 높일 수 있다.

3. 빠른 속도로 실행하기 위해 이해관계자를 내편으로 만들어라

　계획을 실행하는 과정에서 이해관계가 충동할 수 있다. 사전에 이해관계인들을 설득하면 목표달성 또는 효율성을 높일 수 있다.

4. 부하들의 능력을 공개적으로 인정하고 공정하게 보상하라

　당시 천민 계급에 속한 병사들까지 인격적으로 존중하고 사소한 성과라도 공정하게 보상하는 모습에서는 효과적인 동기부여가 된다.

5. 계획은 항상 유동적이다. 지휘관에게 결정권을 부여하라

나폴레옹은 상황이 변할 수 있다는 것을 항상 염두해 두고 군대의 기동성과 준비성을 강화해 어떤 상황에서도 신속히 대응할 수 있도록 하였다. 지휘관들에게 권한을 위임하였다.

6. 상호 신뢰를 형성하라

그리고 정직, 침착함, 책임감 없이는 그 어떤 기교로도 사람을 다스릴 수 없다고 말하는 모습에서 모든 원칙의 기저에 굳건히 자리하고 있어야 하는 리더십의 근본을 볼 수 있다. 한번 약속한 것은 반드시 지키려고 노력했고 이런 점들의 부하들에게 신뢰를 주었다.

기업을 둘러싸고 있는 급변하는 경영환경과 무한경쟁시대에는 기업현장은 곧 전쟁터이다. 기업의 규모에 따라 치이는 있겠지만 리더의 리더십은 조직의 성패를 좌우한다.

출처: https://search.naver.com

2. 히딩크 감독

히딩크 감독은 네덜란드 출신의 외국 감독으로 2002년 한일 월드컵 당시 한국 축구 국가대표 팀 감독을 맡아 4강 신화를 이루었다. 특히 히딩크 감독은 2002년 한일 월드컵에서 약체로 평가받던 한국 팀을 4강까지 진출시키며 "꿈은 이루어진다"는 비전을 제시했다.

히딩크 감독은 감독 한 사람이 팀 전력을 확연히 바꿔놓을 수도 있다는 것을 보여준 성공사례이며, 이는 축구뿐만 아니라 한국사회 전반에 큰 영향을 주었고 기업경영, 대학에서도 리더의 중요성을 인식시켜 실제로 변화시키는 결정적 계기가 되었다.

히딩크 리더십은 온갖 비난과 실행 과정에서도 많은 문제가 제기되었음에도 불구하고 굳건히 원칙을 고수하고 과학적 분석을 통한 체계적인 훈련, 실력위주로 선발하는 등의 강한 신념을 지니고 있었다. 히딩크 전략의 핵심은 90분간 뛸 수 있는 선수들의 기초 체력 훈련을 게을리 하지 않고 자기관리 국가대표로서 갖춰야할 기본적인 요소에 충실하도록 했다. 또한 히딩크 감독은 선수들에게 창의적인 경기를 하도록 요구하며 여러 포지션을 소화해낼 수 있는 멀티 플레이어를 적극 기용했다. 훈련에 임해서는 축구에 대한 전문지식을 적극 활용하였고 과학적인 장비를 동원해 선수를 체계적으로 관리하고 상대팀의 전력과 통계분석을 바탕으로 경기력을 향상시켰다. 또한 선수들 사이에 원활한 의사소통과 건전한 협력 관계가 형성되도록 유도했고 선수들이 무한한 신뢰를 바탕으로 자신을 믿고 따르게 만들었다. 그 결과 한국 축구 대표 팀은 역사상 상상할 수 없는 최상의 결과를 낳았다.

따라서 히딩크의 리더십은 변혁적 리더십, 카리스마 리더십, 소통의 리더십, 셀프 리더십 등으로 설명할 수 있으며, 중요한 key word는 도전정신, 실력, 소통, 과학적 분석, 자신감, 투지와 열정, 신뢰, 기본에 충실, 체력 등으로 설명할 수 있다.

3. 빌게이츠 회장

1955년 미국 워싱턴주(州) 시애틀에서 변호사의 아들로 태어났다. 1967년 레이크사이드 스쿨(Lakeside School)에 입학하면서부터 컴퓨터와 관계를 맺게 되었으며, 이곳에서 마이크로소 프트사의 공동 창업자인 폴 앨런(Paul Allen)을 만났다.

1981년 당시 세계 최대의 컴퓨터 회사인 IBM사로부터 퍼스널컴퓨터에 사용할 운영체제 프로그램(DOS) 개발을 의뢰받은 것이 지금의 기틀을 마련하는 계기가 되었다.

실제로 컴퓨터시장은 빌 게이츠와 함께 진화·발전해 왔다고 해도 무방하다. 그가 처음 마이크로소프트를 설립할 무렵은 PC라는 개념이 생기기 전이었다. 1995년 "윈도 95"를 출 시함으로써 퍼스널컴퓨터(PC) 운영체제의 획기적 전환을 가져 왔으며, 이는 발매 4일 만에 전 세계적으로 100만 개 이상의 판매실적을 올리는 대기록을 세웠다. PC의 급속한 확산 과 더불어 세계 컴퓨터 시장의 주도권을 장악하면서 엄청난 부를 쌓아 "포브스"지에서 선 정하는 세계 억만장자 순위에서 13년 연속 1위를 차지하였다.

변화의 중심에는 언제나 마이크로소프트와 빌 게이츠가 있었지만, 그렇다고 빌 게이츠 가 탄탄대로만을 달려온 것은 아니었다. 빌 게이츠도 적지 않은 위기 상황에 내몰렸다. 심 지어는 웹 브라우저 시장에 한발 앞서 자리를 잡은 넷스케이프가 마이크로소프트를 제치 고 인터넷시대의 주역이 될 것이란 전망도 많았다.

하지만 빌 게이츠는 순식간에 이런 위기를 극복하고 2000년대를 마이크로소프트의 시 대로 만드는 데 성공했다. 특유의 비전과 강력한 리더십을 바탕으로 위기 상황들을 이겨 낸 것이다. "윈도95"에 인터넷 익스플로러(Internet Explorer)를 기본 제공하면서 웹 브라우저 시 장에 본격적으로 발을 들여놓았다.

빌 게이츠는 이 일을 계기로 "악의 제국"이란 오명을 뒤집어썼다. "웹 브라우저 전쟁"으 로 불리는 이 사건은 운영체제의 위력을 다시 실감케 해 주었지만, 이때를 기점으로 반독 점 소송에 휘말렸고 반독점 소송이 한창이던 2000년 1월 친구인 스티브 발머에게 최고경영자(CEO) 자리를 넘겨주었다. 사실상 불명예 퇴진이었다. 빌 게이츠는 공식 은퇴 행사에서 "훌륭한 사람들을 갖지 못하거나, 큰 변화를 놓칠 때 위험한 순간을 맞을 것이다"라는 말을 남겼다. 2008년 6월 27일 자선활동에 전념하기 위하여 33년간 이끌던 마이크로소프트사의 경영에서 손을 떼고 공식 은퇴하였다.

하지만 바로 그 순간부터 빌 게이츠의 또 다른 삶이 시작됐다. 2000년에 "빌 & 멜린다 게이츠 재단"을 설립하여 교육과 건강이라는 목표로 아프리카를 비롯한 제3세계에서 다양한 활동을 해 오고 있다.

빌 게이츠는 이제 자선사업을 통해 "창조적 자본주의(Creative Capitalism)"라는 자신의 신념을 몸소 실천하기 시작했다. 빌 게이츠는 2008년 스위스 다보스에서 개최된 세계경제포럼(WEF) 연설에서는 "창조적 자본주의"란 개념을 들고 나와 많은 사람들의 찬사를 받았다. 이 사업은 한마디로 시장의 혜택을 받지 못한 사람들의 삶을 개선하기 위해 기업들이 적극 나서야 한다는 내용을 담고 있다. 기업들과 비정부 조직이 함께 일하면서 전 세계 불평등을 완화할 수 있는 시장 체계를 만들자는 것이다. 특히 빌 게이츠의 창조적 자본주의는 사회봉사를 기업들의 책임 차원이 아니라 의무로 한 단계 더 격상시켰다는 점에서 큰 의미가 있다.

빌 게이츠는 "자기보다 능력이 뛰어난 사람들을 간부로 지명하는 리더들은 별로 없다. 역사상 가장 위대한 리더들은 자기 부하들보다 뛰어나게 일을 잘하는 사람들이 아니다. 그 리더들은 재능이 뛰어난 사람들을 알아보고, 통합적인 비전 아래 효율적으로 배치한 사람들이었다"고 말했다. 빌게이츠 회장의 리더십을 살펴보면 다음과 같다.

빌게이츠 회장의 성공비결

- 인격을 갖춰라
- 과감하게 도전하라
- 자신의 삶에 가치를 부여해라
- 주어진 삶에 적응해라
- 적극적인 마음자세를 가져라
- 자신의 단점을 극복해라
- 남의 지적을 수용해라
- 80:20법칙을 활용하라
- 분석력과 예측능력을 가져라

- 대가없이 얻고자 하지마라
- 성공은 저절로 찾아오지 않는다
- 과감하게 실천하라
- 자신을 통제하는 습관을 가져라
- 작은 일도 소홀히 여기지 말라
- 남을 의지하는 생활습관을 버려라
- 실패에서 교훈을 배워라
- 기회를 포착하라
- 자신의 삶을 능 성찰하라

4. 스티브잡스 회장

　스티브 잡스의 리더십은 변화적 리더십을 발휘한 것이 아닌가 싶다. 변혁적 리더는 부하에게 영감적 동기부여를 일으키게 하고, 또 개인적으로 부하를 배려하고, 또 미래 기업의 비전을 제시하는 리더이다. 따라서 스티브 잡스는 변화하는 환경에 능동적으로 대응하고, 또 부하에게는 변화를 위해 종전의 방식과는 다른 창의적 방식으로 직무를 수행하게 하고, 동시에 개인적으로는 어려움이 없는지 항상 보살피는 리더라고 할 수 있다.

　중요한 key word로는 끊임없는 도전, 성찰과 혁신, 환경변화에 능동적 대응, 기술과 감성, 하드웨어와 소프트웨어의 융합, 플랫폼, 갈망, 이용자 관점, 상생 등으로 정리할 수 있다.

스티브잡스 회장의 성공비결	
• 자기주도적인 삶을 끊임없이 갈구하라	• 위험관리능력을 키워라
• 강한 성취욕구와 성장요구를 가져라	• 환경변화를 예측하고 사업에 몰입하라
• 창의성과 새로운 시장을 보는 안목을 가져라	• 긍정적인 자세와 유머감각을 지녀라
• 신속한 결단과 인내심을 가져라	• 사회환원을 통한 인류공영에 이바지하라

 ## 스티브잡스 회장

1955년 2월 24일 미국 캘리포니아주 샌프란시스코에서 태어났다. 태어나자 마자 양부모 폴과 클라라에게 입양되었다. 양부모는 기독교 신앙을 가진 미국서부의 농부였다. 잡스는 성인이 되어서 작가로 활동하는 모나 심프슨(Mona Simpson)이라는 여동생과 대화 치료사였던 어머니와 정치학 교수였던 아버지의 존재도 알게되었다. 하지만 그는 친부모에 대해 냉담하게 반응하며, 언제나 양부모를 친부모로 여겼다.

스티브 잡스가 3살 되던해 그의 가족은 아버지의 직장(자동차 영업, 부동산 중계)을 따라 사우스 샌프란시스코의 산업단지에 들어선 주택가로 이주하였고 주변 전자회사에 다니는 사람들과 어울리며 성장하였다. 이때 전자 분야에 관심이 많았던 동년배 빌 페르난데스, 5살이 많았던 스티브 워즈니악(Steve Wozniak)을 만나 교류했으며 스티브 잡스에게는 매우 긍정적인 영향을 주었다.

홈스테드고등학교를 마친 뒤 오리건 주 포틀랜드에 있는 리드대학교에 입학하였다. 그는 마약을 중단하고 새로운 이상을 찾아 동양철학을 공부했다. 하지만 1년만에 학교를 그만두고 캘리포니아로 돌아가 아타리(Atari)라는 전자게임 회사에 취업하였다. 하지만 얼마지나지 않아 회사를 그만두고 스티브 잡스는 히피차림으로 인도로 여행을 떠났다. 수개월간 인도 북부 히말라야 일대를 여행하였지만 그가 기대했던 내면의 정신적인 만족감을 얻지못한 채 미국으로 돌아가 아타리사에 복직하였다. 그는 컴퓨터 게임을 만들었으며 이때 다시 워즈니악과 친분을 쌓았고 전자분야의 지식이 해박했던 그의 도움을 받았다.

사업적인 수완과 마케팅 감각이 뛰어난 스티브 잡스는 천부적인 전자 엔지니어였던 워즈니악의 도움이 있어야만 그의 아이디어가 실현 가능했고 각각의 장점을 합쳐 두사람은 1976년 컴퓨터(회로기판)를 제조하는 회사를 공동창업을 하였다. 회사 이름인 애플(Apple)에 대해서는 스티브 잡스가 컴퓨터를 만들

때, 사과를 한입 베어물고 컴퓨터 위에 올려놓았던 것을 상징화한 것이라는 설, 사과가 좋은 의미(성취, 지적 호기심, 건강)를 담고 있어 지었다는 설, IBM이 '썩은 사과'를 신문 광고에 내고 애플을 비꼬자 다음날 애플이 '썩은 곳이 도려내진 사과'를 신문에 내어 응수한 사건 때문에 자사 로고까지 바꾸었다는 설 등이 여러가지 이야기가 있다. 그러나 스티브 잡스가 죽은 뒤 공동 창업자인 워즈니악은 '스티브 잡스가 오리건 주의 선불교 수행을 하던 장소였던 사과농장을 연상하여 애플(Apple)이라고 지었다'고 밝힌 바 있다.

회로기판만 있는 퍼스널컴퓨터 '애플Ⅰ'을 만들어 발표했으며, 당시 퍼스널컴퓨터 시장이 주목받게 되자 곧 새로운 컴퓨터 플랫폼인 애플Ⅱ를 만들어 냈다. 확장슬롯으로 기능을 향상시킬 수 있었고 획기적인 운영체계를 적용하여 컴퓨터에 대한 지식이 없는 사람들도 불편없이 사용할 수 있도록 만들었다. 하지만 영세한 업체로서는 사업여건이 불리했다. 스티브는 이런 환경에 굴하지 않고 자신이 믿는 비전을 열정적으로 설득해나갔다. 마침내 그들이 만든 퍼스널컴퓨터는 시장에서 큰 반응을 보이며 판매에 성공했고 그에 힘입어 1980년에는 주식을 공개했다. 그는 억만장자가 되었으며 미국에서 최고 부자 대열에 합류했다.

회사내에서는 매킨토시와 리사 컴퓨터를 개발하면서 애플사의 핵심 엔지니어와 경영진 사이에 반목이 심해졌고, 스티브 잡스는 이런 불화를 조화롭게 리드하지 못했다. 스티브 잡스 자신이 주도했던 리사 프로젝트에서 밀려나자 새로운 컴퓨터를 개발하는 매킨토시 프로젝트를 추진하였다. 하지만 그를 믿고 따랐던 매킨토시 프로젝트 담당 엔지니어들은 노력에 비해 형편없는 연봉을 받고 있다는 불만이 고조되었고 스티브 잡스에 대한 배신감으로 표출되기 시작했다.

마침내 1984년에는 IBM에 대항하여 매킨토시 컴퓨터를 선보이고 대대적인 성공을 거두었지만 회사 내부에서는 실패한 리사 프로젝트팀과 파워게임이 벌어지고 있었다. 게다가 메킨토시 발표 후 얼마 동안의 시간이 지나자 사람들은 맥(Mac)에서 사용할 수 있는 소프트웨어가 부족하다는 사실을 알았고 판매는 급속하게 줄었다. 스티브 잡스의 독특한 스타일과 분위기와 함께 매킨토시에 매료되었던 사람들은 이제 불편함을 호소하기에 이르렀다. 1985년 1월 19일 워즈니악과 함께 백악관에 초빙되어 레이건 대통령이 수여하는 국가기술훈장을 받았지만 워즈니악은 회사를 떠나고 말았다. 마침내 스티브는 현실성 없는 망상가이자 회사를 도탄에 빠뜨린 인사로 지목되어 1985년 5월 경영 일선에서 쫓겨났다.

애플을 떠난 뒤 넥스트(NeXT)社를 세워 세계최초의 객체지향 운영체제인 넥스트스텝(NeXTStep)을 개발하였고 1986년에는 조지 루카스 감독으로부터 픽사(Pixar)를 1000만 달러에 인수하였다. 차세대 운영체제를 갖춘 그래픽 전용 컴퓨터를 개발하여 의료업계에 판매하려고 시도했으나 두 회사 모두 수익을 내지 못하고 스티브 잡스를 위기로 몰았다. 그러나 픽사를 담당했던 엔지니어와 그래픽 아티스트들은 하드웨어 사업을 포기하고 장편 애니메이션 영화를 만들것을 잡스에게 제안했다. 잡스는 이에 기대를 걸지 않았지만 그의 생각과 달리 픽사는 애니메이션 영화로 회생의 기미를 보이기도 하였다. 그의 사업은 점점 벼랑끝으로 내몰리고 있었다. 미국의 거부 로스 페로와 일본 캐논(Canon)사를 통해 투자를 받으며 겨우 버텨나가고 있었고 회생의 기회를 잡지 못했다.

픽사의 존 레스터가 감독한 '토이스토리(Toy story)'의 원형이 되는 '틴토이(Tin Toy)'를 만들어 아카데미상 단편 애니메이션상을 수상하며 세간의 관심을 받게되었다. 하지만 아직 큰 돈을 벌지는 못했기 때문에 이때까지 잡스는 픽사를 인수한 것을 후회하고 있었다. 1996년 적자에 허덕이며 새로운 운영체계를 원했던 애플이 넥스트 사(社)를 인수하면서 스티브 잡스에게 기회가 찾아왔다. 13년만에 다시 애플로 복귀하였고 경영 컨설턴트로 역할하며 4억달러 흑자를 내는 데 공을 세웠다. 또한 쓸모없는 회사로 생각했던 픽사는 존 래스터가 제작한 애니메이션 토이스토리의 대대적인 성공에 맞추어 주식시장에 상장하여 거의 빈털털이에 내몰렸던 스티브 잡스를 단번에 억만장자에 올려놓았다. 2006년에 월트 디즈니가 픽사를 인수하면서 잡스는 월트 디즈니의 이사회 임원이 되었다.

스티브 잡스가 애플의 CEO로 복귀한 2년 동안 애플은 자본이 20억 달러에서 160억 달러로 증가했으며 픽사는 연이은 흥행 성공으로 애니메이션 역사상 가장 성공한 영화사로 기록되고 있었다. 한층 여유로워진 스티브 잡스는 새로운 미디어인 인터넷과 접목한 새로운 제품 개발에 눈을 돌렸으며 그 대상은 음악이었다. 그는 항상 제품에서 모양과 색깔 등의 디자인 결정을 매우 중요시 여겼다. 아이튠즈 개발에 이어 아이팟라는 MP3플레이어를 개발하여 세계적인 히트상품 반열에 올려놓았다. 그는 이제 사업가에서 세상을 바꾸는 인물로 인지되고 있었다. 많은 청중들 앞에서 청바지에 검은색 셔츠로 연설하는 그의 모습은 바뀌어가는 세상의 서막을 알리는 행사로 각인되었고 사람들은 그가 만든 제품에 열광했다. 2007년 맥월드에서 아이폰이 발표되고 전세계적으로 선풍적인 인기를 끌었으며 애플은 약 500억달러의 수익을 올렸다. 특히 아이폰은 통신업계 전반을 뒤흔들어 놓았고 문화적인 파급 효과도 지대했다. 또한 2010년 발표된 아이패드라는 태블릿 컴퓨터를 발표하면서 스티브 잡스가 주도하는 변화는 가속화 되었다.

스티브 잡스는 IT업계에 큰 획을 그은 인물로 평가되며 성공가도를 달렸으나, 개인적으로는 희귀암 발병 등 건강 문제에 시달렸다. 2004년 췌장암으로 수술을 받고, 2009년 간 이식 치료를 받았다. 2011년 8월 24일 병세 악화로 애플 CEO직을 사임했고, 사임 후 2달이 채 지나지 않은 10월 5일에 향년 56세로 사망했다. 사인(死因)은 췌장 신경내분비종양이었다.

출처: https://terms.naver.com(네이버 지식백과)

| 참고문헌 |

- 김기평(2013). 리더십의 이해. 두남.
- 김상수 · 김영천(2013). 창의적 문제해결과 의사결정. 청람.
- 김성택(2015). 개인과 기업의 사회적 책임. 청람.
- 김양렬(2012). 의사결정론. 명경사.
- 김은영 외 9(2018). 인성과 리더십. 양성원.
- 금진호 외 4(2019). 문제해결능력. 양성원.
- 류경민 외 5(2017).창업의 이해. 청람.
- 박내회(2007). 조직행동론. 박영사.
- 박일순(2019). 자기계발과 인성함양. 한올.
- 박일순(2009). 소자본창업론. 훈민사.
- 박일순(2016). 진로탐색과 인생설계. 한올.
- 박연호 · 이종호 · 임영제(2013). 현대인간관계론. 박영사.
- 변상우(2016). 리더십. 청람.
- 서남수 외 3(2000). 경영관리론. 박영사.
- 안종배 외25(2013). 미래가 보인다. 박영사.
- 오수균 외 3(2010). 마케팅원론. 두남.
- 이재희(2016). 비즈니스 커뮤니케이션. 한올.
- 이재희(2016). 리더십프레임. 한올.
- 이재희 · 이지원(2018). 문제해결능력. 양성원.
- 이종택 외 5(2015) 마이어스 사회심리학. 한올.
- 이종린(1993). 리더십 통솔작전. 언어문화사.
- 임종만 · 윤천성(2004). 인간관계의 이해. 청람.
- 장세진(2012). 글로벌경영. 박영사.
- 최해진(2014). 인간행동의 이해. 두남.
- 최승수(2015). 심리학. 박영사.
- 허갑수 · 변상우(2015). 파워리더십. 청람.
- 홍용기(2017). 인간관계론. 한올.
- 황매향 외 3(2012). 진로탐색과 생애설계. 학지사.
- Jon M. Werner · Randy L. Desimone(2012). Human Resource Development
- https://www.naver.com

| 저자 소개 |

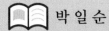 박 일 순

- 건국대학교 대학원 경영학과 졸업(경영학 박사)
- (현)서경대학교 인성교양대학 교수
  글로벌경영학회 상임이사
  한국인적자원개발원 이사
  융복합지식학회 이사
  대한미용경영자협회 부회장
  한국산업경제학회 평생회원

  한국정책학회 정회원
  한국생산성학회 회원
  대한검도협회 이사
  국민의당 직능본부 부위원장
  한국창업교육학회 이사

주요저서 및 연구논문
- 소자본 창업론
- 진로탐색과 인생설계
- 창의적인 문제해결능력
- 자기계발과 인성함양
- 소자본 창업론 Cyber Contents 개발(MOOC)
- 내부마케팅 활동이 직무만족과 경영성과에 미치는 영향
- 내부마케팅 활동이 감정노동에 미치는 영향분석;
- 호텔종업원의 행동유형(DISC)의 차이를 중심으로
- 소자본 창업과 조직성과에 관한 탐색적 연구

- 소상공인의 창업 성공요인에 관한 실증연구
- 소자본 창업자의 특성과 인식에 관한 실증연구
- 내부마케팅 활동이 고객만족에 미치는 영향에 관한 연구
- 소자본 창업자의 입지 결정요인에 관한 연구
- 내부마케팅 활동이 경영성과에 미치는 영향분석;
- 매개효과 및 조절효과를 중심으로
- 소자본 창업 시리즈 기고
- 창업전략 시리즈 기고
- 주산 공인 8단

리더십과 인성

초판 1쇄 발행   2019년 8월 30일
초판 3쇄 발행   2023년 8월 30일

역 · 저자   박 일 순
펴낸이   임 순 재
펴낸곳   (주)한올출판사
등 록   제11-403호
주 소   서울시 마포구 모래내로 83(성산동 한올빌딩 3층)
전 화   (02) 376-4298(대표)
팩 스   (02) 302-8073
홈페이지   www.hanol.co.kr
e-메일   hanol@hanol.co.kr
ISBN   979-11-5685-797-6

리더십과 인성

리더십과 인성

리더십과 인성